KB196040

나는 날마다 헌법을 만난다

김승환 지음

PACTA SUNT SERVANDA

나는 날마다 헌법을 만난다

김승환 지음

뜻있는도서출판

헌법재판소 전경 / 헌법재판소 제공

서문

헌법 생활이라는 용어가 있습니다. 헌법은 국민의 일상생활을 통해서 실현되고 발전하는 규범이라는 뜻입니다. 국민의 삶에서 벗어난 헌법은 종이 위에 적혀 있는 글자에 지나지 않습니다. 그런 헌법에는 헌법 정신도 헌법의 소리도 없습니다.

국민이 헌법에 관심을 두지 않으면 헌법도 국민을 외면하게 됩니다. 헌법은 생명력을 잃게 되고, 국민은 인권 불감증 내지는 헌법 불감증에 빠지게 됩니다.

'헌법은 학생 여러분의 것입니다. 헌법은 교사와 지방공무원 여러분의 것입니다. 헌법은 학부모 여러분의 것입니다.'라는 말을 하고 싶었습니다.

권위적이고 이질적인 표현으로 적혀 있는 헌법을 겸허하고 동질적인 언어로 풀어내고 싶었습니다.

헌법을 들고 현장으로 나가 사람들을 만나기 시작했습니다. 그때가 2016년 봄날이었습니다. 전라북도 네 곳의 고등학교로 가서 학생들을 만났고, 열세 개의 시·군을 돌며 교사, 지방공무원, 학부모들을 만났습니다.

저의 헌법 특강을 들으러 오는 사람 중에는 교육과 직접적인 관련이 없는 사람들도 있었습니다. 고등학생을 대상으로 하는 헌법 특강에 엄마와 아빠들께서 자녀들과 함께 저의 헌법 이야기에 귀 기울이기도 했습니다.

어느 위치에 있는 사람들이든 저의 강의를 들으면서 고개를 갸웃거리는 사람들이 있다면 저의 강의는 실패한 것이라는 확인을 저 자신에게 하면서 강의를 시작했습니다.

강의에 나가기 전 준비하는 것이 있었습니다. 강의 주제와 열쇠 말 몇 개, 우리나라 헌법 조문과 외국 헌법의 관련 조문과 판례의 암기였습니다. 강의의 내용을 미리 구상해 놓지는 않았습니다.

그 자리에 어떤 사람들이 올지 알 수 없고 강의의 분위기가 어떤 흐름을 타게 될지 예측할 수 없는 상태에서, 미리 강의의 내용을 고정해 놓으면, 강의는 듣는 사람들의 가슴에 다가갈 수 없기 때문이었습니다.

열일곱 번의 강의는 그렇게 시작했고, 진행되었고, 막을 내렸습니다.

열일곱 번, 17이라는 숫자는 저에게 운명의 숫자일 수도 있습니다. 전북교육감 12년 동안 교육부 장관, 감사원장, 전국 여러 지역의 단체들이 김승환 교육감을 수사해서 형사처벌 받게 해 달라고 검찰에 고소·고발한 사건이 17개였기 때문입니다.

본문 130개와 부칙 6개로 구성된 대한민국 헌법에도 수많은 숫자가 나옵니다. 국회의 계엄해제요구 정족수(재적의원 과반수), 대통령에 대한 국회의 탄핵소추 발의 정족수와 가결 정족수(재적의원 과반수의 발의와 재적의원 3분의 2 이상의 찬성) 등이 대표적인 예입니다. 숫자 계산을 잘못해서 부결되어야 했을 헌법 개정안이 가결되는 사례도 있었습니다. 1954년 제3대 국회 때 헌법

개정안 표결에서 발생한 '사사오입 개헌'이 그것입니다. 헌법 조문의 숫자 해석을 둘러싼 분쟁은 오늘날에도 여전히 발생하고 있습니다.

교육감의 직무를 수행하는 바쁜 일정 속에서도 거의 1년에 걸친 헌법 순회 특강을 할 수 있었던 것은 23년 동안의 전북대 법과대학과 법학전문대학원에서의 헌법 강의 경험 덕분이었습니다.

강의의 원고를 정리한 책 〈헌법의 귀환〉은 2017년 봄에 세상에 얼굴을 드러냈습니다. 몇 권이 독자들의 손에 들어갔는지 알 수 없지만, 출간 초기 저의 책은 인기 도서로 꼽혔습니다.

그때부터 5년이 지나면서 저의 책에 대한 출판사의 판권이 5년의 시효로 소멸하였고, 저의 책은 절판되었습니다.

2024년 11월 9일 저는 경상남도 하동군에 있는 '하동책방'으로 가서 토크를 하게 되었습니다. 이 행사의 산파역은 경남 창원시에 있는 기숙형 대안고등학교 태봉고등학교 초대 교장과 경남 남해군에 있는 상주중학교 교장의 직무를 마치고 현재 건신대학원대학교 교수로서 대안 교육 강의를 하고 계시는 여태전 선생님이셨습니다.

시골의 자그마한 고을에서 마련하는 토크에 과연 사람들이 얼마나 모일지 알 수 없는 상황에서 여태전 선생님은 이 행사를 구상하게 되었고, 그 구상은 하동책방 여태훈 대표님의 전폭적인 지원 약속으로 성사되었습니다. 행사 하루 전에 하동책방으로 들어가 여태전 선생님과 여태훈 대표님을 만나게 되었고, 저는 그 자리에서 제가 쓴 책 〈헌법의 귀환〉이 더 많은 사람들에게 다가가지 못한 것이 못내 아쉽다고 말했습니다. 이 말을 듣던 여태훈 대표님이 서울에 있는 어느 유명 출판사의 이름을 꺼내시면서 그 출판사로 연결해 보겠노라는 의견을 제시하셨습니다.

저는 경남 지역에 몇 개 탄탄한 출판사들이 있는 것 같은데, 그런 출판사 중 한 곳과 연결해 주기를 바란다고 말했습니다.

여태훈 대표님이 즉시 경남 창원시에 있는 '뜻있는도서출판'의 이지순 대표님과 연결했고, 이지순 대표님은 저의 책 〈헌법의 귀환〉을 완독한 후 다음 날 하동책방에서 저를 만나 출판에 합의했습니다. 책의 제목을 바꾸고, 내용을 다시 검토한 후 보정 작업을 거치기로 한다는 것에도 의견의 일치를 보게 되었습니다. 저의 책이 다시 세상으로 나오게 한 여태전 교수님, 여태훈 대표님, 이지순 대표님과 '뜻있는도서출판'의 성윤석 편집장님께 머리 숙여 감사의 인사를 드립니다.

2024년 12월 3일 비상계엄이 선포되었고, 같은 해 12월 14일 국회는 윤석열 대통령 탄핵소추안을 의결했습니다. 국회는 헌법재판소에 윤석열 대통령 탄핵심판을 청구하였고, 헌법재판소의 심리 절차가 계속 진행되고 있습니다.

과거 두 차례의 탄핵심판(노무현 대통령, 박근혜 대통령) 때와 다른 것이 있습니다. 그것은 거의 날마다 새로이 제기되는 헌법적 쟁점에 대한 국민들의 관심이 매우 높다는 것이었습니다. 12월 4일부터 저는 이런 쟁점들에 대해 헌법학자로서의 의견을 페이스북에 쓰기 시작했습니다. 이 책의 부록에는 그 글들 가운데 일부가 실려 있습니다.

2025. 2.

여전히 서재에서 글을 쓰고 책을 읽는 사람 **김승환**

차 례

헌법을
말하다

Pacta Sunt Servanda

대한민국 헌법 <전문>

유구한 역사와 전통에 빛나는 우리 대한국민은

3·1운동으로 건립된 대한민국임시정부의 법통과 불의에

항거한 4·19민주이념을 계승하고

...

1948년 7월 12일에 제정되고 8차에 걸쳐 개정된 헌법을

이제 국회의 의결을 거쳐 국민투표에 의하여 개정한다.

헌법을 말하다

이 시간에는 헌법 전체를 아우르는 총론적인 이야기를 해볼까 합니다. 지금도 국제사회에는 제국주의 국가가 존재합니다. 제국주의 국가란 자기 민족만으로 국가를 구성하는 게 아니라 여러 민족을 장악하여 한 국가를 만들어가는 것을 말합니다.

일본 오키나와 지역은 원래 류큐琉球 왕국이었습니다. 일본이 침략한 후 오키나와로 이름을 바꾸었을 뿐 아니라 지금까지도 일본 사회에서 류큐 출신은 천대받으면서 살아갑니다. 중국은 더 말할 것도 없어요. 약 56개의 소수 민족들이 한족에게 복속당해 있지요.

역사적으로 세계 여러 나라 가운데 가장 방대한 세력을 가졌던 제국주의 국가라면 단연 로마일 것입니다. 그런데 로마제국은 놀랍게도 권력을 누구에게도 집중하지 않았습니다. 로마는 기본적으로 군주정이 아니라 공화정이었으니까요. 저 유명한 카이사르Gaius Julius Caesar가 암살을 당했던 것도 공화정이 아닌 왕정을 지향한다는 이유였죠.

당시 로마에는 원로원과 평민회가 있었습니다. 평민회의 대표가 호민관이었는데, 호민관에게는 '거부권Veto Power'이 있어서 원로원의 의결을 거부할 수 있는 큰 힘이 있었습니다. 원로원은 의결이 거부당했다고 해서 호민관을 설득하려 하지 않았습니다. 그건 약속이었기 때문입니다. 국민과의 약속, 사회와의 약속, 그 큰 로마제국이 유지될 수 있었던 것은 약속을 잘 지켰기 때문입니다. 이렇게 약속에 따라 행동하기로 하는 것을 규범이라고 하며, 이를 다른 말로는 법이라고 부릅니다.

우리나라는 어땠을까요?

1392년 조선을 건국한 이성계李成桂는 사람이 아닌 법이 다스리는 국가를 꿈꾸었습니다. 인치人治가 아닌 법치法治를 꿈꾼 이성계는 태조 6년 우리나라 최초의 통일법전인 [경제육전經濟六典]을 만듭니다. 조선의 통치체제는 [경제육전]을 바탕으로 이조, 예조, 호조, 병조, 형조, 공조와 영의정, 좌의정, 우의정 등으로 구성한 3정승 6조 체제를 유지했습니다. 훗날 성종이 만든 새로운 통일법전이 1485년 역사에 등장하는데, 이 해가 을사년이었기 때문에 이를 가리켜 [을사대전乙巳大典] 또는 우리가 잘 알고 있는 [경국대전經國大典]으로 부릅니다. 조선에서 규범화된 통일법전으로 쓰였으니 [경국대전]은 조선시대의 헌법이었던 셈이죠. 왕정이었으니까 왕의 말대로 모든 걸 좌지우지했을 것 같아도 조선은 외국의 법학자들이 놀라워할 정도로 법전에 근거한 정치를 한 법치국가였습니다.

조선뿐 아니라 세계 어느 곳에서나 국민이 존재하면 국가가 존재하고, 영토와 주권이 있는 국가에서는 헌법도 함께 존재합니다. 헌법이 제대로 제자리를 잡고 있으면 가장 혜택을 보는 것은 국민이에요. 안정감을 느끼게 되니까요.

이걸 가리켜 법적 안정성이라고 합니다. 국민들은 헌법 조문들을 찾아보면서 자신의 권리가 무엇인지 알게 되고, 무엇을 국가에 요구해야 하는지 알 수가 있습니다. 이때 헌법 조문이 많으면 많을수록 공부해야 할 게 많아지니까 국민은 불편해질 수밖에 없겠지요. 그래서 어느 나라든지 헌법은 조문이 많지 않고, 문장이 짧고 명확합니다.

우리나라 헌법이 처음 만들어진 것은 1919년 4월 11일입니다. 현행 대한민국 헌법은 전문, 본문, 부칙으로 구성되어 있어요.

<전문>

유구한 역사와 전통에 빛나는 우리 대한국민은 3·1운동으로 건립된 대한민국임시정부의 법통과 불의에 항거한 4·19민주이념을 계승하고, 조국의 민주개혁과 평화적 통일의 사명에 입각하여 정의·인도와 동포애로써 민족의 단결을 공고히 하고, 모든 사회적 폐습과 불의를 타파하며, 자율과 조화를 바탕으로 자유민주적 기본질서를 더욱 확고히 하여 정치·경제·사회·문화의 모든 영역에 있어서 각인의 기회를 균등히 하고, 능력을 최고도로 발휘하게 하며, 자유와 권리에 따르는 책임과 의무를 완수하게 하여, 안으로는 국민생활의 균등한 향상을 기하고 밖으로는 항구적인 세계평화와 인류공영에 이바지함으로써 우리들과 우리들의 자손의 안전과 자유와 행복을 영원히 확보할 것을 다짐하면서 1948년 7월 12일에 제정되고 8차에 걸쳐 개정된 헌법을 이제 국회의 의결을 거쳐 국민투표에 의하여 개정한다.

전문에 "유구한 역사와 전통에 빛나는 우리 대한국민은 3·1운동으로 건립된 대한민국임시정부의 법통과 불의에 항거한 4·19민주이념을 계승하고"라는 문장이 있습니다. 이것은 대한민국임시정부의 법통, 즉 상해임시정부의 헌법을 잇고 있다는 뜻입니다. 언제 처음 우리 헌법이 만들어졌는지 전문에서 헌법 스스로 말하고 있는 거예요. 대한민국의 1948년 〈관보〉에 '대한민국 30년'이라고 찍혀 있습니다. 대한민국 건국을 1948년이라고 하는 것 자체가 헌법을 명백하게 침해하는 것입니다. 그런 말을 하는 사람들은 모두 헌법을 어기고 있는 것이죠. 이건 학설 대립이 있을 수조차 없는 부분입니다. 1919년 4월 11일 상해임시정부의 헌법이 대한민국 최초의 헌법이라고 헌법의 입으로 말하고 있으니까요.

헌법 전문은 "1948년 7월 12일에 제정되고 8차에 걸쳐 개정된 헌법을 이제 국회의 의결을 거쳐 국민투표에 의하여 개정한다."로 마치고 있어요. 현재 2017년이니 1987년 개정한 후로 30년이 흐른 셈이죠. 그동안 우리가 살고 있는 사회는 엄청나게 변했습니다. 그러나 헌법 조문은 글자 하나 변하지 않고 그대로 있어요. 세월의 간극이 생길 수밖에 없지요. 헌법은 가만히 있는데 국민의 삶은 계속 흘러왔으니까요. 처음 헌법이 만들어졌을 때와 지금 우리 국민의 삶이 달라졌기 때문에 헌법은 조문을 세심하게 들여다보고 해석하는 것이 무척 중요합니다.

일본인들은 헌법을 자기 입맛대로 그때그때 다르게 해석합니다. 일본 헌법은 "일본국은 일체의 병력을 보유하지 않는다."는 것을 헌법 제9조에서 전제하고 있기 때문에 '평화헌법'이라고도 부릅니다. 그런데 일본 정부가 이를 어기고 자위병력을 꾸리려고 하자 일본 내에서도 이에 관련하여 문제를 제기한 학자들이 있습니다. 병력은 안되는데, 자위를 위한 병력은 된다는 것 자체가 논리적인 모순이니까요. 그런데 이때 일본 최고 재판소는 이 헌법 제9조를 "자위를 위한 병력은 허용된다."라고 해석했습니다. 헌법해석의 한계를 제멋대로 넘어선 사례인거죠.

전문 다음 헌법 조문들이 나오는데, 헌법 제1조에 어떤 내용을 담고 있는지 매우 중요합니다. 그 나라와 헌법이 어떤 사상을 가지고 있는지 말해주는 것이니까요.

대심판정 휘장 – 헌법재판소 제공

<제1조>

①대한민국은 민주공화국이다.

대한민국 헌법 제1조 제1항은 민주공화국을 이야기하고 있습니다. 앞에서 이야기한 로마의 공화정은 일부 소수의 귀족들에게만 해당되는 것이었지만 대한민국의 공화정은 모든 국민을 위한 것입니다. 우리 헌법에서 대한민국이 민주공화국이라는 표현은 매우 중요해요. 민주공화국에서는 1인 지배를 부정하기 때문입니다.

<제1조>

②대한민국의 주권은 국민에게 있고, 모든 권력은 국민으로부터 나온다.

우리나라 헌법은 이렇게 국가부터 시작하고 있습니다. 헌법 제1조에서 국가, 주권, 국민의 순서로 나열돼 있어요. 미국 헌법도 "The United States Of America" 마찬가지로 국가부터 시작합니다. 미국 헌법은 1787년에 만들어졌는데, 당시에는 인권과 관련된 조항이 하나도 없었습니다. 인권은 너무나 당연한 것이었으니까요.

"독도는 우리 땅이다." 우리에겐 당연한 것이지요? 독도가 대한민국 땅이라는 사실은 우리 국민에겐 너무 당연한 일이라 굳이 강조할 필요도 없습니다. 내가 내 아들 손을 잡고 다니는데, 다른 사람에게 내 아들이다 아니다 말할 필요도 없잖아요. 똑같아요. 독도는 당연히 우리 땅이고, 국제법이론으로 봐도 우리 땅이에요. 국제법 이론에 실효적 지배설이 있습니다. 실제로 장악하고 있으면 그의 것이라는 뜻입니다. 독도는 우리가 실효

적으로 지배하고 있는 우리 땅인 것이죠. 우리 헌법 제3조는 대한민국의
영토를 규정하고 있어요.

〈제3조〉
대한민국의 영토는 한반도와 그 부속도서로 한다.

처음 헌법을 만들때 "대한민국의 영토는 제주도, 울릉도, 독도를 포함하
여 한반도와 그 부속도서로 한다."라고 적었으면 지금 독도를 놓고 일본이
자기네 땅이라고 우기는 일도 없었겠지요.

1953년에 맺은 샌프란시스코 강화조약 제2조 a항에 "일본은 조선의 독
립을 승인하고"라는 표현이 있습니다. 연합국들이 이 문장을 그대로 허용
한 겁니다. 치욕적이죠. 조선의 독립이 일본의 승인을 받아야 하는 건 아
니잖아요.

게다가 우리 국토를 규정하는 조항에서는 독도를 빼먹은 겁니다. 이 초
안을 보고 깜짝 놀란 법학자 유진오 박사가 급히 샌프란시스코에 가서 독
도를 넣어야 한다고 주장했지만 받아들여지지 않았습니다. 패전국이긴 해
도 일본이 조선보다 더 국력이 강했으니까요.

그 뒤로도 일본은 꾸준히 국제사법재판소에서 독도가 어느 나라 땅인지
가리자고 해왔지만 우리에게는 재판을 받을 일 자체가 아닙니다. 우리가
오랫동안 지배해 온 우리 땅을 국제재판을 통해 가릴 문제가 아니니까요.
게다가 힘의 논리가 지배하는 국제사법재판소에서 재판관들이 대한민국

편을 들어 줄까 의심스럽기도 합니다. 양측 당사자가 재판을 받는 데에 동의해야 국제재판이 성립되기 때문에 우리가 동의하지 않는 한 국제재판은 열릴 수 없습니다 그나마 참 다행인 거죠.

1949년 5월 23일 만들어진 독일 헌법은 미국이나 우리처럼 국가를 먼저 이야기하지 않습니다.

〈독일 헌법 제1조〉
인간의 존엄은 불가침이다 이를 존중하고 보호하는 것은 모든 국가권력의 의무이다.

독일은 나치스의 역사를 가지고 있어요. 어림잡아도 1,000만 명 가까운 인간을 학살했어요. 인간의 존엄을 세계사에서 유례없이 심하게 훼손했던 것에 대한 심각한 반성을 했기 때문에 이런 조항을 둔 것입니다. 독일에서는 지금도 전범들을 계속 추적하고 있습니다. 독일뿐 아니라 프랑스에서도 전쟁 중에 독일에게 협조했던 악독한 사람Collabo들을 남김없이 처형했습니다. 우리가 친일파들을 끝까지 청산하지 못한 채 현대 국가로 넘어온 것에 비하면 프랑스나 독일의 사례들은 많은 것을 생각해보게 합니다.

우리 헌법은 국가 국민, 영토, 통일, 국군, 국제법, 공무원, 정당 설립, 문화를 이야기한 다음 제10조에 들어가서야 비로소 인간을 이야기합니다

〈제10조〉

모든 국민은 인간으로서의 존엄과 가치를 가지며, 행복을 추구할 권리를 가진다. 국가는 개인이 가지는 불가침의 기본적 인권을 확인하고 이를 보장할 의무를 진다.

　인간존엄이 제10조에 등장한다고 해서 앞에서 나온 국가나 국민보다 낮은 개념이 아니에요 어느 나라 헌법이든지 공통적으로 추구하는 가장 궁극적인 핵심가치는 바로 인간존엄이기 때문이에요. 헌법에서는 국가가 아니라 인간이 먼저입니다.

　여기 계시는 분들의 법적 신분은 우선 대한민국 국민입니다. 그리고 전라북도 도민 가운데에서도 임실군민입니다 임실군민은 곧 주민을 뜻합니다. 우리 모두는 법적으로 국민의 신분과 주민의 신분을 갖고 있다는 겁니다. 국민의 신분으로 대통령 선거를 하고, 주민의 신분으로는 도지사·교육감 등을 선출합니다.

　만약 외국인이 임실에 와서 1년째 살고 있으면 법적으로 대한민국 국민이라고 볼 수 없습니다. 헌법 제2조 제1항은 대한민국의 국민이 되는 요건은 법률로 정한다고 하고 있는데, 국적법 제6조 제2항이 규정하고 있는 귀화요건을 갖추거나 5년 이상 계속해서 대한민국에 주소가 있어야 하는 등 법무부장관의 허가를 받아야만 대한민국 국적을 취득할 수 있다고 제한하고 있거든요.

　다만, 임실에서 세금을 내는 주민이라고는 할 수 있어요. 대한민국의 국민이 아니기 때문에 대통령과 국회의원을 선출하는 선거에 참여할 수는 없어요. 국민인가 주민인가 하는 차이가 있듯이, 우리 헌법에서도 조문마다 국민에게 적용되는 내용이 있는가 하면 인간 모두에게 적용되는 내용이 있습니다.

예를 들어 대한민국에서 거주하고 있는 외국인이 범죄를 저질렀을 가능성이 있다고 해서 마음대로 영장 없이 연행할 수는 없습니다. 왜냐하면 외국인이라 하더라도 신체의 자유는 인간이 가지는 기본적인 인권이기 때문입니다.

〈제12조〉
②모든 국민은 신체의 자유를 가진다. 누구든지 법률에 의하지 아니하고는 체포·구속·압수·수색 또는 심문을 받지 아니하며, 법률과 적법한 절차에 의하지 아니하고는 처벌·보안처분 또는 강제노역을 받지 아니한다.

임실군 9급 공무원 공채시험에서 외국인이 탈락한 것을 가지고 기본권 침해라고 할 수는 없어요. 공무담임권은 원칙적으로 내국인에게만 인정되는 권리이기 때문이죠. 물론 개방형으로 업무형태를 정해두고 업무특성상 외국인을 채용하고자 한다는 임실군수의 명이 있으면 가능합니다. 대한민국 국민은 당연한 자기 권리의 행사로 공채시험에 응시할 수 있지만 외국인은 일정 부분의 범위 안에서 허용할 경우에만 가능하다는 뜻입니다

우리 헌법은 국가권력이나 국가를 중심으로 하고 있지 않습니다. 언제

나 인간을 중심으로, 국민의 삶을 중심으로 하고 있습니다. 대통령제를 취하고 있어도 권력의 견제장치를 헌법 구석구석에 두어서 대통령 한 사람에게만 권력이 집중되지 않도록 하고 있으며, 법적으로 적정한 절차에 따르지 않고서는 국민의 기본권을 제한하지 못하도록 하고 있어요.

우리 헌법은 승자독식의 헌법이 아닙니다. 타협과 절충을 통해 사회적인 문제를 해결해 나가고, 인간의 삶이 따뜻하게 존중되길 기대하고 있어요. 지금부터라도 헌법이 말하는 소리를 귀 기울여 듣는 우리 국민들의 노력이 필요한 것입니다.

법치국가의 원칙,
약속은 지켜져야 한다

Pacta Sunt Servanda

대한민국 헌법 <제37조>

❖

②국민의 모든 자유와 권리는

국가안전보장·질서유지 또는 공공복리를 위하여

필요한 경우에 한하여 법률로써 제한할 수 있으며,

제한하는 경우에도 자유와 권리의 본질적인 내용을 침해할 수 없다.

법치국가의 원칙, 약속은 지켜져야 한다

지하철을 영어로 'Subway' 혹은 'Metro'라고 하는데, 영국은 지하철을 'Tube'라고 해요. 독특한 게 지하로 한참 내려가야 한다는 거예요. 그 사람들은 지하철을 왜 그리 깊이 팠을까요? 이유가 있겠죠. 영국은 제2차 세계대전을 혹독하게 치른 나라예요. 현대전은 온갖 신무기가 동원되잖아요. 그래서 바로 대피할 수 있도록 깊게 해놓은 거예요

이때 승객들이 오르락내리락 하는 에스컬레이터에 이렇게 적혀 있어요. 'Stand on the right', 오른쪽에 서세요. 바쁜 사람들을 위해서 길을 내놓는 거죠. 왼쪽에 서 있는 사람을 한 사람도 본 적이 없고 전부 오른쪽에 서 있어요. 지하철 에스컬레이터에서 오른쪽에 서는 것은 영국 국민들의 합의예요. 약속을 그렇게 한 거죠.

지하철

'Pacta sunt servanda'

매우 유명한 라틴어인데 영어로는 'Promises must be kept', 약속은 지켜져야 한다는 거예요. 영국은 대통령제가 아니고 의원내각제입니다. 실권자는 영국 여왕이 아니고 'Prime Minister'; 즉 수상이에요. 수상은 의회에서 선출하고 여왕에게 임명장을 받아요. 원래 선출직은 임명장이 필요 없고 당선만 확인하면 되지만 영국은 독특하게 수상이 여왕에게 매우 정중하게 임명장을 받아요. 그렇게 하라는 성문화된 규정이 없어도 말이에요. 영국 국민들이 다 그렇게 알기 때문에 계속해서 그 전통을 지켜가는 거예요.

작은 약속이어도 잘 지키는 것과 아닌 것은 달라요. 약속을 잘 지킨다는 것은 우리 삶을 편하게 만들어요. 법은 그 자체로 약속이에요. 오늘 성심여고 학생들에게 이야기할 주제는 '법치국가'예요. 우리나라를 지키고 버텨주는 든든한 약속이 법이라는 걸 이야기할 거예요.

나라마다 이를 설명하는 용어가 조금씩 달라요. 일본은 법치주의라고 하고, 독일과 우리나라는 법치국가란 말을 써요. 특히 독일은 정확하게 법치국가라고 표현하고 있어요. 조금 전에 이야기한 영국은 'Rule of Law'라고 하는데, 법의 지배라고 하죠. 뒤에 있는 'law'는 좀 더 자세하게 말하면 'Case Law'예요. 'Case Law'는 법원이 판례를 통해서 만들어가는 법이거든요. 그래서 영국을 가리켜서 판례법 국가라고 하죠.

미국은 세월이 흐르면서 수정된 내용을 그대로 뒤에 덧붙이는 형식이어서 'Amendment' 수정헌법이라고 해요. 고치는 게 아니라 갖다 붙여요. 우리말로 증보라고 하지요. 그 증보 헌법 제5조와 제14조에 'Due Process of Law'라고 나와요. 적법절차란 말 혹시 들어봤나요? 적법절차가 바로 'Due Process of Law'예요. 정확하게 번역하면 법의 적정한 절차예요. 'Due Process of Law'에서 핵심단어는 'Due'예요. 적정한.

No person shall be deprived of life, liberty or property, without due process of law.

누구든지 법의 적정한 절차에 의하지 아니하고는 생명, 자유 또는 재산을 박탈당하지 아니한다.

만약 국가가 적정한 절차도 지키지 않고 내 재산을 뺏어간다면, 혹은 국가가 적정한 절차도 거치지 않고서 나를 끌고 간다면? 이런 상황이 생긴다면 정말 암담하겠지요. 우리 현대사에서는 이런 일이 두 번이나 있었어요. 1961년 5월 16일의 군사쿠데타, 그리고 1980년의 군사쿠데타 이후에 죄 없는 사람들을 영장없이 끌고 가서 훈련을 시키고 구타를 했어요. 심지어는 죽이기까지. 그 가운데에는 여러분처럼 공부하던 평범한 학생도 있었어요. 국가가 아무런 근거나 절차도 없이 국민을 마음에 안 든다고 끌고 가서 맘대로 할 수 있다면 국민은 어떻게 되겠어요? 굉장히 불안정해지는 거죠.

국가가 이런 일을 하지 말라고 미국 연방헌법은 'Due Process of Law'를 규정해놓은 거죠. 법의 적정한 절차가 없이 국민의 생명이나 자유, 재산을 함부로 건드리지 마라, 말하는 거예요. 국민의 생명을 국가가 건드리는 일이 없을거라고 생각하지만 우리나라에서 그랬던 것처럼 다른 나라도 마찬가지로 국가권력이 인간의 삶을 침해하는 일들이 종종 생겨요. 방금 이야기한 미국에서도 그랬어요.

여러분, 혹시 기회가 되면 수잔 헤이워드Susan Hayward가 주연한 영화 〈I Want To Live〉(나는 살고 싶다)를 한번 보세요. 멀쩡한 사람을 살인범으로 몰아서 나중에 사형집행까지 하는 영화인데, 이 영화가 미국 사회에 엄청난 파장을 몰고 왔어요. 이래도 사형제도를 계속 유지해야 되느냐는 논란이 크게 일어나죠

우리나라의 이야기로 돌아가볼까요? 우리 헌법이 법치국가원리를 채택하고 있다는 것을 헌법으로 증명해야 되는데, 이 근거를 여러분이 찾아내는 거예요.

<제37조>

②국민의 모든 자유와 권리는 국가안전보장. 질서유지 또는 공공복리를 위하여 필요한 경우에 한하여 법률로써 제한할 수 있으며, 제한하는 경우에도 자유와 권리의 본질적인 내용을 침해할 수 없다.

국민의 자유와 권리를 제한하려면 법률로써 하라는 거예요. 이게 바로

법률에 의한 기본권 제한이라고 하는 거예요. 그런데 국회가 법률을 제정한다는 것은 반드시 헌법에 규정해야 돼요.

<제40조>
입법권은 국회에 속한다.

입법권 세 글자를 쉽게 풀이하면 법률 제정권이에요. 법률은 누구나 만들 수 있는 것이 아니고 오로지 딱 하나의 기관, 국회만 만들 수가 있어요. 국회가 만든 법인지 아는 쉬운 방법은 명칭 맨 마지막 글자가 법률 또는 법으로 끝나는 것인지 보면 돼요. 예를 들면 형법.민법은 국회가 만들었어요. 맨 끝 글자가 법이잖아요. 특정범죄가중처벌 등에 관한 법률은 어디서 만들었을까요? 그래요. 국회에서 만든 거예요.

국회에서 법률을 만드는 걸로 끝나는 것이 아니라 이것을 실제로 시행해야 된단 말이에요. 시행은 정부에서 하는 거죠. 국회에서는 추상적으로 만들어 놓은 법률을 구체화시키는 작업이 필요한 것이죠. 그걸 할 수 있도록 헌법은 정부도 법을 만들 수 있도록 해놓았어요

<제75조>
대통령은 법률에서 구체적으로 범위를 정하여 위임받은 사항과 법률을 집행하기 위하여 필요한 사항에 관하여 대통령령을 발할 수 있다.

대통령령을 만들려면 국회가 개별적으로, 구체적으로, 명시적으로 위임해줘요. 그러면 그것을 바탕으로 대통령령을 만들어요. 대통령령을 실무에서는 시행령이라고 해요. 예를 들어 소득세법은 국회에서 만들고 소득세법 시행령은 대통령이 만드는 것이지요. 그리고 이보다 더 구체적인 것은 국무총리와 장관이 총리령이나 부령으로 만들죠. 이것을 시행규칙이라고 해요.

<제95조>
국무총리 또는 행정각부의 장은 소관사무에 관하여 법률이나 대통령령의 위임 또는 직권으로 총리령 또는 부령을 발할 수 있다.

법 중에 맨 위에 가장 높은 법이 있죠. 헌법, 그 아래에는 법률, 시행령, 시행규칙 이렇게 법규범이 나누어지는 거예요. 이것은 중앙정부 차원에서 일어나는 것이고, 우리나라는 현재 지방자치를 하고 있죠

<제117조>
①지방자치단체는 주민의 복리에 관한 사무를 처리하고 재산을 관리하며, 법령의 범위안에서 자치에 관한 규정을 제정할 수 있다.

전라북도나 전라북도교육청도 지방자치단체이기 때문에 자치에 관한 규정을 만들 수 있다고 말하는 거예요. 여기서 조례와 규칙이 나와요. 조례

는 지방의회가 만들어요. 시방의회는 시·도 의회가 있고 시·.군 자치구 의회가 있어요. 전라북도 의회도 있고, 전주시 의회도 있는데 이 둘의 차이라면 전라북도 의회 조례가 더 상위에 있다는 것이에요. 전라북도와 전라북도교육청은 조례에 근거해서 규칙을 만들어요.

정리하면 우리 법규범의 가장 상위에 헌법이 있고, 그 다음 법률, 그 다음 시행령, 그 다음 시행규칙, 그 다음 조례, 그 다음 규칙. 이렇게 마치 지하철 계단을 밟아서 내려가듯 되어 있죠. 세계적인 법철학자 한스 켈젠Hans Kelsen은 이를 일컬어 "법은 단계구조가 있다."고 표현했어요.

법은 우리 삶에 크게 두 가지의 일을 하면서 영향을 끼쳐요. 국민의 기본권을 지키는 일과 국민의 기본권을 제한하는 일. 쉽게 말해서 지키는 것과 뺏는 것이라고 말할 수 있겠지요.

국민이 자신이 가진 것을 자발적으로 빼앗기는 일은 뭐가 있을까요. 대표적인 게 세금을 내는 일이에요. 이건 민주시민의 기본의무예요. 우리가 내는 세금은 여러 가지 일을 해요. 예를 들면 우리가 낸 세금이 모여 가난하고 힘없는 이들의 삶을 돌보게 돼요. 좀 더 편안하게 살 수 있도록 말이에요. 그들의 삶이 불안하면 그 해가 나한테도 돌아와요. 사회가 전체적으로 불안해지니까요.

그런데 세금도 그냥 내지 않고 반드시 법률로써 정해요. 소득세법이라는 법률에 근거해서 소득이 있을 때 그 소득에서 일정 부분만큼 세금을 가져갑니다. 이것을 대통령령에 더 상세히 규정을 맡겨서 소득세법 시행령이 나오는데, 이에 근거해서 세금을 내죠. 그럼 이건 법률이 하는 것이 아니라 대통령령이 하는 것이죠? 그래서 이를 법률에 근거한 기본권 제한, 'Based on the Law' 이라고 해요. 기본권 제한인 거죠.

또한 법은 나에게서 뭔가를 빼앗아가는 일만 하는 게 아니라 나에게 무언가를 지켜주는 일도 해요. 내가 정당하게 받아야 할 것을 주는 일 말이에요. 개인의 것을 지켜주는 법에 대해 말해볼게요.

성심여고에 혹시 학생 스스로 발간하는 문예지가 있나요? 여러분이 글을 쓰고 공개를 하면 그 순간에 여러분에게 법이 다가가요. 여러분에게는 보이지 않지만 글을 써서 올리는 순간 법이 말을 걸어요. "내가 보호할게요. 지켜줄거예요." 이렇게.

그때 여러분은 법의 목소리를 들어야 돼요. 법은 그 순간부터 "지금부터 이 글은 당신의 동의 없이 아무도 베껴 쓰지 못합니다. 전체는 물론이고 한 문장도 베껴 쓰지 못합니다. 심지어는 끄적거린 공책 하나조차 보호할게요."라고 말해요. 글쓴이가 자신의 작품에 대해 갖는 저작권을 설명한 거예요. 그럼에도 불구하고 누군가 당신의 글을 베껴 쓴 사실이 발견되면 여러분이 법에 호소하세요. 그러면 법이 제재를 가하겠죠. 이게 바로 우리 삶 속의 법의 목소리인 거예요.

<제22조>
②저작자·발명가·과학기술자와 예술가의 권리는 법률로써 보호한다.

저작권 침해에 대해서는 우리나라도 그렇고 다른 나라도 굉장히 엄격하게 제재를 가해요. 여러분이 쓰는 문장 하나에도 여러 가지 법의 권리가 주어져 있어요. 소유권, 다른 말로는 재산권, 또 하나는 글 속에 있는 여러분의 생각을 인정하는 인격권. 그때부터 법이 정확하게 보호를 하는 거죠.

그런데 여러분이 가만히 앉아 있어도 법이 보호해주지는 않아요. 이건 우리가 적극적으로 나서서 소리를 질러야 돼요. 이런 말도 있어요. "권리 위에 잠자고 있는 자는 보호할 필요가 없다." 로마시대에 나온 말인데 권리를 지키려면 항상 깨어 있어야 한다는 거죠.

<제13조>

①모든 국민은 행위시의 법률에 의하여 범죄를 구성하지 아니하는 행위로 소추되지 아니하며, 동일한 범죄에 대하여 거듭 처벌받지 아니한다.

코마Comma를 가운데 두고 문장 두 개가 있는데 앞에 있는 것을 '전단' 뒤에 있는 것을 '후단'이라고 해요. 먼저 '거듭'은 두 번이에요. 이것을 가리켜 이중처벌금지원칙이라고 해요. 'Double Punishment'를 해서는 안 된다는 거죠.

딱 한 번만 처벌하라는 뜻이에요.

이런 경우를 가정해볼게요. 사회적인 비난이 매우 높은 범죄인 연쇄살인, 성폭력 또 어린아이 살해, 장애아동 학대 같은 나쁜 범죄들, 흔히 말하는 천인공노天人共怒할 범죄에 대해 국민 모두의 비난 여론이 매우 높아요.

이럴 경우 국회가 법률을 제정하는 데 어떻게 해야 할까요.

아동을 대상으로 성폭력 범죄를 저지르는 사람에 대해서는 1차 재판을 받고 교도소 복역한 다음에 다시 또 같은 기간 교도소에 또 들어가야 한다고 규정을 했어요. 방금 말한 이중처벌이죠. 이런 법률을 국회가 만들 수 있을까요? 그래요. 불가능해요. 헌법이 금지하고 있으니까요.

앞에서 법의 단계구조 얘기했죠. 단계구조에서 위에 있는 것을 가리켜서 상위규범, 아래 있는 것을 가리켜서 하위규범이라고 하는데, 이 하위규범은 항상 상위규범에 근거해야 돼요. 그리고 상위규범에도 맞아야 하는데 이걸 "합치해야 된다."고 표현해요. 이건 이렇게 정리할 수 있겠지요. 하위규범은 상위규범에 합치해야 하고 상위규범에 위반되어서는 안 된다, 이렇게 말이에요.

그래서 흉악한 범죄를 저지른 자니까 이중처벌을 하자는 식의 법률을 국회가 만들게 된다면 그건 앞에서 언급한 헌법 제13조 제1항 후단에 위반하는 거예요. 이렇게 국회가 헌법 제40조에 의해서 입법권을 갖고 있어도 헌법에 합치하지 않거나 헌법에 위반하는 법률을 만들 수 없다는 것을 입법권의 한계라고 해요.

만약 국회가 입법기관이라고 헌법이 명확하게 규정하고 있고, 우리 국회는 국민의 의사를 대변하는 기관이니까 우리가 국민의 의사를 수렴해서 정확하게 다수결로 결정했다고 항변한다면 어떨까요? 국민 대다수가 원하잖아? 이렇게 말할 수도 있는 거잖아요. 일단 항변은 가능해요. 국회가 다수결로 법률안을 의결하는 행위는 민주주의 원리에 따른 거니까요.

그런데 여러분, 다수결은 항상 정당합니까?

그렇지 않아요. 여러분이 말한 것처럼 다수결은 항상 정당하지만은 않을 수 있어요. 이 말은 곧 국회에서 제아무리 민주주의 원리에 따라서 결정한 것이라고 하더라도 정당하지 않을 수 있다는 거예요.

<제49조>
국회는 헌법 또는 법률에 특별한 규정이 없는 한 재적의원 과반수의 출석과 출석의원 과반수의 찬성으로 의결한다. 가부동수인 때에는 부결된 것으로 본다.

이것을 단순 다수결이라고 해요. 이게 의결정족수거든요. 의사정족수는 회의를 여는 데 필요한 정족수이고, 의결정족수는 법률안을 의결하는 데 필요한 정족수예요. 그러니까 이것은 의사정족수가 아니라 의결정족수예요. 다수결요건이 단순하기 때문에 이걸 가리켜 단순 다수결이라고 하는 거고요. 학교에서 학급회의를 할 때 여러분도 다수결로 많이 하죠? 그런데 어떤 안건을 놓고서 여러분들이 의견을 모았을 때 가장 기분 좋은 의결이 어떤 거예요? 그래요. 만장일치로 결정하고 나면 상대방을 설득할 필요가 없어요. 그런데 다수결로 하게 되면 항상 다수는 소수를 설득해야 돼요.

국제기구에서 만장일치로 적용하는 데가 한 군데가 있어요. 유엔 안전보장 이사회 상임이사국 중 어느 한 나라도 "아니오."라고 하면 끝나버리는 데, 다만 회의가 너무 길어서 어느 나라 대표 한 사람이 화장실에 간 사

이에 의결을 할 수는 있어요. 실제로 소련 대표가 너무 힘들어서 화장실에 간 사이에 나머지 네 나라가 "우리끼리 하자."고 한 적이 있어요. 이렇게 유엔 안전보장이사회 상임이사국의 의결이 만장일치예요. 만장일치로 해 줘야 힘을 발휘하는 거예요. 어느 나라에 유엔군을 투입할까 같은 결정을 할 때 어느 한 나라의 의견이라도 무시하면 안 된다는 생각에서 이렇게 하는 거죠.

국회가 다수결원리에 따라서 법률안을 의결했단 말이에요. 그런데 이 법률안에 이의를 제기한다고 해봐요. 이를테면 이것은 다수결에 따라서 의결했지만 이것은 헌법 위반이다 같은 식으로. 이렇게 민주주의 원리에 대해서 브레이크brake를 거는 원리가 바로 법치국가의 원리예요. 그래서 대부분의 나라마다 헌법에 헌법재판제도를 규정해요.

국회에서 다수결, 즉 민주주의원리에 따라서 의결된 법률 또는 법률조항이라 하더라도 헌법재판소에서 그것을 통제할 수 있게 돼 있는 거예요.

<제111조>

①헌법재판소는 다음 사항을 관장한다.

1. 법원의 제청에 의한 법률의 위헌여부 심판

헌법재판소에서 법률이 헌법을 위반하는 것인지 아닌지를 판단할 때 가장 중요한 근거를 두는 게 헌법이에요. 헌법을 가지고 비교해보는 거예요. 말하자면 이게 조세법률주의에 맞는 것인지 안 맞는 것인지 보는 거죠. 헌법 제59조는 "조세의 종목과 세율은 법률로 정한다."고 되어 있거든요. 그러니까 대통령 맘대로 만들고 싶다고 해서 조세종목을 만들 수가 없어요.

또한 굉장히 중요한 것이 하나 더 있어요.

<제31조>

①모든 국민은 능력에 따라 균등하게 교육을 받을 권리를 가진다.

성심여고 기숙사 자리가 50개인데 1등부터 50등까지만 들어올 수 있다고 가정해볼까요. 이건 평등하지 않아요. 공부 못하는 것도 기분 나쁜데 말이죠. 바로 이런 거예요. 방금 살펴본 헌법 제31조 제1항은 교육에 적용되는 거예요. 이것을 가리켜 교육에서의 기회균등이라고 해요.

<제11조>
①모든 국민은 법 앞에 평등하다.

제11조 제1항 제1문은 매우 중요한 문장이에요. 법 앞에 평등하다는 말 안에는 헌법, 법률은 물론이고 시행령도 포함되고 시행규칙, 조례와 규칙까지 포함되고 심지어는 성심여고 학칙도 포함돼요. 이것을 가리켜서 일반적 평등원칙이라고 해요.

<제11조>
①누구든지 성별·종교 또는 사회적 신분에 의하여 정치적·경제적·사회적·문화적 생활의 모든 영역에 있어서 차별을 받지 아니한다.

헌법은 우리 국민생활 영역을 4개의 영역으로 본 거예요. 정치·경제·사회·문화 이렇게 본 거예요. 이에 대한 차별금지 사유 3개를 말하고 있어요. 성별, 종교 또는 사회적 신분. 이 3개는 일단 하지 말라는 뜻이긴 한데 그럼 그거 말고 다른 사유로 차별한다면 가능한 걸까요.

안 됩니다. 그렇다면 왜 이 3개를 굳이 말해두었을까요? 이게 바로 우리나라에서 가장 많이 행해지는 차별인 거예요. 실제로 가장 많이 차별받는 선 성별에 따른 차별이죠. 성별이 맨 앞에 나온 이유는 남녀차별이 우리나라에서 가장 많이 일어나고 있기 때문이에요.

우리가 생각할 때 미국 같은 나라는 굉장히 평등할 것 같지요. 미국에도 성별차별이 있어요. 영화 〈해리포터〉에 나오는 유명한 여배우 있죠? 엠마 왓슨Emma Watson. 유엔 특별대사인데 2015년에 유엔에서 연설을 했어요.

"이 세계에 남녀평등이 실현되어 있는 나라는 단 하나도 없다."

외국에서는 종교나 인종에 따라 차별하는 일이 많아요. 그래서 공통적으로 인류의 헌법은 성별·종교·사회적 신분에 따른 차별을 금지하고 있어요. 여기서 말하는 사회적 신분은 양반·상민·천민 같은 것을 말하죠. 이건 한정적 사유가 아니라 예시적 사유예요. 그것 말고도 많이 있지만 어떤 이유로든 차별하지 말라는 뜻인 거죠.

명문화되어 있지는 않지만 학벌·나이 등에 따른 차별도 있죠. 여러분도 나이 때문에 엄청나게 큰 인권차별을 당하고 있어요. 선거권을 만 19세로 하고있는 나라는 없어요. 대부분의 나라에서는 18세부터 선거권을 줘요. 유럽에서는 고등학생에게 지방선거권도 줘요. 고등학생들이 도지사 투표를 할 수 있고, 시장 투표도 할 수 있어요. 우리나라는 아직 갈 길이 먼 것이죠.

우리 사회를 수레라고 가정해볼게요. 바퀴가 두 개인 수레. 수레의 바퀴 하나는 법치국가의 원리이고, 다른 하나는 민주주의의 원리예요. 이 두 개의 바퀴가 서로 균형을 이루고 있어야 안전하게 수레가 굴러갈 수 있는 거예요. 신기한 건 두 바퀴가 서로 균형을 이루면서도 서로를 계속해서 견제한다는 거예요. 민주주의라는 바퀴가 법치국가 원리를 견제하고, 법치국가 원리가 민주주의 원리를 견제하는 거죠. 그러면서도 균형을 이루는 매우 치밀한 장치들을 갖추고 있는 거예요. 균형이라는 말에서 '형衡'은 '저울'을 뜻하는 한자거든요.

이렇게 서로 균형과 견제를 이루면서 국민의 삶은 안정성을 띠게 돼요. 내 삶이 법의 보호를 받는 데에서 오는 안정성 말이에요. 비록 내 권리를 제한당하긴 해도 인정할 수밖에 없는 거죠. 내가 한 달 월급 250만 원을 받았는데 국가에서 세금으로 30만 원을 가져간다. 이때 아, 이건 가져갈 만하다고 생각하는 거죠. 내가 쓴 글을 저작권으로 보호받는 것도 마찬가지로 볼 수 있겠죠. 국가에서 내가 얻은 소득의 일부를 세금으로 가져가는 것을 인정하는 것처럼 국가가 내 권리를 보호해줄 것이라 기대하는 것이죠.

<제34조>

①모든 국민은 인간다운 생활을 할 권리를 가진다.

이 조항 역시 국민의 삶은 법에 의해서 안정성을 띨 수 있다는 걸 말하는 거죠. 선진국일수록 국가가 국민에게 약속을 한 걸 잘 지켜요. 그것도 매우 정확하게. 왜냐하면 살기 좋은 나라라는 것은 곧 제대로 된 법치국가라는 뜻이니까요.

법은 약속이에요. 약속은 지켜져야 하는 것이지요.

'Pacta Sunt Servanda'

LECTURE

3

국민이 헌법의 눈으로
지켜볼 때 민주주의는
숨을 쉰다

Pacta Sunt Servanda

대한민국 헌법 <제114조>

①선거와 국민투표의 공정한 관리 및

정당에 관한 사무를 처리하기 위하여

선거관리위원회를 둔다.

국민이 헌법의 눈으로 지켜볼 때 민주주의는 숨을 쉰다

오늘은 민주주의에 대해 이야기해보려고 합니다.

민주주의Democracy란 민중Demo과 지배한다Cracy가 합쳐진 말입니다. 민주주의란 민중이 지배한다는 뜻을 담고 있는 것이죠. 반면 우리 인간은 끝없는 양심의 소리에 지배당합니다. 눈에 보이지 않는 내면의 소리가 가슴속에 계속해서 나오는 것이죠. 라틴어로는 'Forum Interrnum'이라고 하는데, 'Forum'은 재판정, 'Internum'은 내부라는 뜻입니다. 인간 내면에 하나의 법정이 있다는 거예요

누군가 나쁜 선택을 하려 할 때 그 안의 내면의 소리가 말합니다. "그 방향은 잘못됐어." 이 양심의 소리를 듣고 인간은 옳은 방향으로 돌아서는 것이죠. 인간에게는 자신이 가려는 길이 옳은 것이어야 한다는 내면의 가치판단이 끊임없이 이루어지고 있다는 것이고, 이걸 일컬어 인간 스스로

자신의 지배를 받는다고 해서 자기지배라고 말합니다.

자신을 지배하는 양심의 소리에 인간이 귀를 기울이듯이 인간 사회에도 지배와 피지배 관계가 복잡하게 얽혀 있습니다. 타인의 지배를 받는 상태에 놓이는 것을 일컬어 자기지배와 반대되는 개념으로 타자지배라고 말합니다. 인간은 로빈슨 크루소처럼 혼자 사는 것이 아니라 더불어 살아가는 사회적 동물이기 때문에 이러한 관계는 매우 복잡하게 얽혀 있습니다.

예를 들어 이곳 남원여고의 2학년 학생 중 하나가 1학년에게 "앞으로 2학년이 1학년 일을 결정하겠다."고 말한다고 하면 1학년 학생과 2학년 학생 사이에는 피지배와 지배의 관계가 생긴 것입니다. 그러나 1학년 학생의 문제를 2학년이 결정한다고 하면 1학년은 불편하고 불쾌하겠죠. 자신의 문제를 스스로 결정하는 자기지배와 자신의 문제를 타인이 결정하는 타자지배는 근본적으로 다를 수밖에 없는 것입니다.

다른 예를 들어볼까요.

남원여고 학생들이 휴대폰을 자유롭게 소지하도록 할 것인가? 이 문제를 해결하는 두 가지 방법이 있어요. 선생님들이 결정하는 방법과 학생 스스로 결정하는 방법. 만약 선생님들이 이 문제를 "이 사안에 대해서 학생들 스스로 결정해보세요. 학교는 학생들의 결정을 그대로 따르겠습니다." 이렇게 말한다면 학생들은 치열한 토론 끝에 결정을 내리겠죠.

학생들이 스스로 결정한 문제라면 자기지배에 따라 자신이 결정한 문제인 만큼 책임도 본인들이 지려 할 겁니다. 즉 자기지배에 따른 결정에 인간은 더욱 복종한다는 뜻이에요. 하지만 실컷 어렵게 결정해놓고도 몇 학생이 일탈할 수도 있겠죠. 그러면 나머지 학생들이 그 학생들을 좋지 않게 바라볼 거예요.

"뭐야, 그건 약속 위반이잖아, 우리가 정해놓은 약속을 네가 깨면 안 돼."

이렇게 약속에 합의한 다른 학생들의 시선이 일탈하는 행동을 막아주는 역할을 하기 때문에 자기결정은 더 자발적이면서도 효율적인 겁니다.

자기지배에 따른 자기결정이 바람직한 것이긴 해도 우리 사회는 그 규모가 방대할 뿐 아니라 개인의 이해관계도 매우 복잡하게 얽혀 있습니다. 자기지배만으로는 해결할 수 없는 일들이 생겨나죠. 인간은 자기지배를 원하지만 어쩔 수 없이 타자지배를 받을 수밖에 없기 때문에 타자지배에 대한 반발과 저항이 곧 인간의 역사이자 민주주의의 역사인 것입니다.

특히 그리스는 인류 최초로 민주주의의 싹이 튼 곳입니다. 그리스의 유명한 철학자로 손꼽히는 소크라테스Socrates의 재판에 대해 잠깐 이야기해 보겠습니다. 소크라테스 하면 가장 먼저 떠오르는 게 바로 "악법도 법이다."일 겁니다. 그때 소크라테스가 받았던 재판이 배심재판이었습니다.

배심재판은 우리나라에서도 조금씩 시도되고 있는데 우리나라는 배심재판이라고 하지 않고 국민참여재판이라고 합니다. 지금 우리나라는 형사소송의 경우 1심에 한해서 피고인이 배심재판을 요구하면 배심재판을 받을 수 있도록 하고 있습니다.

시민들이 배심원단을 구성하고 배심원단이 결정을 하는데, 이때 배심원단의 결정을 평결Verdict이라고 합니다. 판사들이 결정하는 판결Decision과 다르죠. 보통 배심재판을 취하는 나라에서는 배심원단이 평결을 내리면 그 평결이 재판부를 기속(羈束:배심원단의 평결이 결정한다는 뜻)한다고 봅니다. 이는 담당재판부가 보기에 무죄여도 배심원단이 유죄라고 평결하면 그대로 따라야 한다는 것입니다. 이때 재판부는 오직 징역 1년으로 할 것이냐, 2년으로 할 것이냐, 같은 형량만 결정합니다. 그런데 우리는 배심원단의 평결이 재판부의 판결을 기속하지 않아요. 그래서 우리나라에서는 형사 피고인이 국민참여재판을 하는 것이 유리한 것인지 신중하게 판단해야 하죠.

당시 소크라테스의 배심재판에 투표를 했던 배심원이 무려 500여 명이었다고 합니다. 이 재판을 배심재판의 원형이라고 하는데 더 거슬러 올라가면 인류사에서 배심재판이 맨 처음 등장한 것이 사실은 아프리카였다고 해요. 어찌됐든 이때 배심원단은 소크라테스에게 사형Death Penalty을 선고합니다.

소크라테스는 매우 영향력이 큰 학자였어요. 이렇게 위대한 철학자를 놓고 재판관 단 몇 명이 어떻게 재판을 하겠는가, 해서 뜻 있는 사람들이 배심원단을 구성한 건데 뜻밖에도 배심원단이 사형을 판결해버린 거죠.

제자들이 소크라테스에게 도망갈 것을 권유했고, 실제로도 그가 갇혔던 감옥은 얼마든지 도망칠 수 있을 정도로 허술했지만 소크라테스는 독배를 받습니다. 이때 소크라테스가 독배를 마시기 전에 "악법도 법이다."라고 했다고 하잖아요. 그런데 이건 지어낸 이야기일 뿐이고 실제 소크라테스는 죽기 전에 그런 말을 한 사실이 없어요.

이 말은 일본제국주의 시대에 일본의 교토대학 법철학 교수가 지어낸 이야기입니다. 당시 일제는 법을 지배수단으로 악용했습니다. 일제는 치안유지법이라는 고약한 법을 만들어 항일독립운동을 하는 사람들을 잡아가두고 고문하여 죽이곤 했습니다. 해방이 되고 친일 반민족행위자들이 권력을 쥔 다음 일제의 치안유지법을 본따 국가보안법을 만들어냅니다. 그러면서 악법도 법이라고 한 거예요. 우리 국민들에게 거짓말을 한 것이죠.

소크라테스

이런 내용을 잘 몰랐기 때문에 우리나라에서는 소크라테스의 명언이라고 하면서 이 내용이 사법시험 문제로도 출제되었고, 심지어는 수능시험 문제로도 나왔어요. 뒤늦게 헌법재판소가 나서서 교육부에 이와 관련된 의견서를 보냅니다. "소크라테스는 그런 말을 한 적이 없으니 학생들이 보는 교과서에서 삭제해 줄 것을 권고합니다."라고 말이죠. 지금 여러분이 가지고 있는 교과서에서 '악법도 법'이라는 말이 사라진 이유예요.

이렇게 아주 오래전부터 국가의 중요한 사안이 있을 때마다 될 수 있는 한 많은 사람들이 모여서 함께 결정했던 것이 민주주의의 뿌리인 거예요.

그런데 많은 사람이 참여하면 판단의 오류야 적어지겠지만 실제로 결정 자체는 한결 더 어려워지겠죠? 그래서 내 대신 결정을 해줄 소수가 필요해 지는 거예요.

여기서 간접민주주의가 등장합니다.

주민이 직접 결정하기 어려우니 우리가 뽑은 대표자가 내 대신 결정하게 하고 나는 그것에 따르자는 것이죠. 간접민주주의를 대의민주주의, 대표 민주주의라고도 부르는 이유입니다.

프랑스의 학자 장 자크 루소Jean-Jacques Rousseau는 "민주주의에서 타자 지배는 있을 수 없다. 민주주의는 오로지 자기지배만 있을 수 있다."고 했 습니다. 루소는 '대표자란 곧 인민의 뜻을 받아서 전달하는 메신저'라고 생 각한 거예요. 메신저가 결정했다는 것은 곧 프랑스 인민이 결정했다는 것 이기 때문에 민주주의에서는 오로지 자기지배만 있다고 한 거죠. 루소는 그런 의미에서 민주주의를 인민민주주의라고 했어요.

인민민주주의의 대표적인 나라가 북한입니다. 북한의 공식명칭은 조선 인민민주주의공화국Democratic People's Republic of Korea이라고 하죠. 루소 의 민주주의 이론이 수입이 된 나라가 소련·북한·쿠바 등입니다. 우리는 프랑스의 철학자 몽테스키외Montesquieu의 국민주권 이론에 그 바탕을 두 고 있습니다. 북한이 내세우는 건 인민People이고, 우리 헌법이 말하는 건 국민Nation입니다. 인민주권과 국민주권은 서로 바라보고 있는 방향도 다 릅니다.

우리는 막 태어난 어린 아이까지 포함한 모두를 국민으로 보지만 인민은 그렇지 않습니다. 예를 들면 강제 부역하는 이들이나 노동력이 없는 아이들처럼 일정 조건을 충족하지 않는 경우는 인민으로 생각하지 않아요.

루소가 말했듯이 민주주의 국가에서 개인이 모든 걸 결정하는 자기지배를 하면 좋겠지만 현실적으로는 불가능해서 타자지배 형식을 빌리게 되는 겁니다. 이때 누군가 우리를 대신해서 결정해줄 사람이 필요하기 때문에 모든 현대 민주주의 국가에서는 헌법에서 선거를 규정하고 있죠.

<제114조>

①선거와 국민투표의 공정한 관리 및 정당에 관한 사무를 처리하기 위하여 선거관리위원회를 둔다.

선거에서 무엇보다 중요한 것은 공정하게 선거를 진행하는 것입니다. 우리 헌법에서는 선거 및 국민투표의 공정한 관리를 위해서 선거관리위원회를 두고 있습니다. 선거관리위원회는 유권자들에게 후보자에 대한 여러 가지 정보를 정리해서 가정에 보내주고 방송토론을 통해 후보자들의 생각을 읽을 수 있게 합니다. 다소 귀찮을 수 있어도 후보자들에 대해 안내해주는 모든 자료들은 소중하게 읽어보아야 해요. 이 번거롭고 복잡한 절차와 과정이 유권자에게 한 표를 소중하게 행사할 수 있도록 도움을 주는 것이니까요.

유권자들이 행사하는 한 표 한 표는 간접민주주의에서 그 무엇보다 중요한 거예요. 이 투표용지를 통해 자신의 생각을 전달하고, 의사를 표현하

──────── 국민투표

고, 자신의 대리인을 선출하는 것이니까요. 성숙한 민주시민은 자신의 신성한 투표권을 포기하거나 아무 생각 없이 던져서도 안 되는 거죠.

독일이나 프랑스 같은 선진국에서는 지방의회 선거나 지방자치단체장 선거에서 고등학생에게도 투표권을 줍니다. 후보자들이 학교로 찾아와서 정책을 발표하기도 합니다. 투표자들에게 자신의 정책을 설명하고 표를 달라고 정중하게 이야기하는 것이죠. 투표권이 있다는 것은 유권자들이 어떤 정치적 견해를 가지고 있다는 것을 말하는 것과 같습니다. 그러나 우리나라의 고등학생에게는 투표권이 없기 때문에 어떤 정치적 견해를 가지고 있는지 판단하기가 어렵지요. 투표권은 그만큼 중요한 겁니다. 정치인들이 바로 그 표를 쥐고 있는 유권자의 의견에 귀를 기울이게 되니까요.

선거에서는 언론도 매우 중요한 역할을 합니다. 언론은 유권자가 후보자들을 제대로 판단하고 선택할 수 있도록 국민들에게 여러 가지 사실과 정보를 전달해주는 일을 하기 때문입니다. 이때 언론의 자유가 보장되어야만 사실과 정보가 정확하게 유권자들에게 전달이 되어 국민의 알 권리를 충족시켜주겠죠.

간접민주주의에서 유권자들은 투표를 통해 자신을 대신할 후보자를 선출하고, 이는 곧 후보자에 대한 신뢰를 보여주는 것입니다. 이 신뢰는 선출되는 것으로 끝나는 게 아니라 임기 내내 이어가야 합니다. 이를 헌법학에서는 전문용어로 민주적 정당성Democratic Legitimacy이라고 합니다.

독일의 헌법학자 에른스트 볼프강 뵈켄푀르데Ernst-Wolfgang Böckenförde
는 이런 말을 했습니다.

"민주적 정당성은 사슬처럼 이어져야 한다."

말하자면 민주적 정당성의 사슬Demokrtische Legitimationskette입니다. 만
약 유권자들이 민주적 정당성을 부여하고 대표로 선출했는데 자꾸만 신뢰
가 약해진다면 더는 신뢰하기 어렵다는 결론을 내리겠죠. 시간이 갈수록
대표자에 대한 신뢰가 계속해서 낮아지는 걸 헌법학에서는 민주적 정당성
이 약해진다고 합니다. 유권자들이 선출해서 세운 사람이니 그의 약해진
민주적 정당성에 대해서도 제재를 가할 수 있어야겠죠. 그래서 우리 헌법
은 제65조에서 탄핵제도를 두고 있습니다. 다만 국회의원은 탄핵 대상이
아닙니다. 국회의원은 다음 선거에서 뽑지 않는 것으로 유권자의 의사를
직접 전달할 수 있으니까요.

민주주의가 제대로 작동하도록 하기 위해서는 선출된 사람을 계속 견제
하고 감시할 수 있는 장치가 필요합니다. 신뢰를 철회할 수 있는 탄핵과
같은 장치도 필요하고요. 이 모든 장치들은 유권자인 국민의 힘으로 움직
이게 돼 있습니다.

영화 〈귀향〉 보셨을 거예요. 일본인들이 조선인들을 인간 취급을 하지
않잖아요. 그런데도 지금의 정부는 위안부 문제에 대해 "일본 정부와 대
한민국 정부가 불가역적으로 합의를 했다."고 말했어요. 불가역은 돌이킬

수 없다는 뜻이에요. 이걸 진정한 국민의 뜻이라고 볼 수 있을까요. 정부가 결정했다고 해서 그게 국민의 결정이라고도 볼 수 있는 건 아니에요. 학생들이 정부가 하는 일이라고 해서 늘 옳다고만 생각해서는 안 된다는 거예요.

우리가 국민 한 사람 한 사람, 주권자로서 올바른 결정이냐 아니냐 판단할 수 있어야 해요. 학생이라고 해서 국가의 결정에 대해 아무 말도 하지 말라고 해서도 안 되겠죠. 학생 역시 국민이고, 국민은 국가의 주인이니까요. 주인이 자신의 일에 대해 목소리를 내는 것은 당연한 일이에요. 침묵하는 것이 오히려 부끄러운 것이죠. 침묵하고 있으면 옳지 않은 결정에도 동의하는 것이 돼버리기 때문이에요. 민주시민이라면 자신이 내린 결정에 자신이 책임을 져야 합니다.

헌법은 민주시민으로서 가장 중요한 것 중 하나를 책임과 의무라고 봅니다. 헌법 전문 가운데, "자유와 권리에 따르는 책임과 의무를 완수하게 하여"라는 표현이 있습니다. 자신의 자유와 권리라고 해서 맘대로 아무 일이나 할 수 있는 게 아니라 반드시 그에 따른 책임과 의무도 완수해야 한다는 말이에요. 그래서 국가는 체제를 유지하고 움직일 수 있게 하기 위해 오래전부터 국민에게 부여해온 의무들이 있어요. 국방의 의무, 납세의 의무가 바로 그러한 것들이죠.

선진국에서는 국방의 의무나 납세의 의무를 국민들에게 매우 엄격하게 적용합니다. 유명한 복싱 세계챔피언이었던 무하마드 알리Muhammad Ali는 전쟁반대론자이기 때문에 국방의 의무를 거절했다가 챔피언 벨트를 박탈당해요. 독일의 유명한 테니스 선수였던 보리스 베커Boris Franz Becker는 탈세를 했다가 독일 국민의 분노를 사서 유죄판결을 받았지요. 선진국일수록 국민들에게 권리를 누리는 만큼 책임도 크게 지우는 거예요.

대한민국 국민으로 태어난 우리에게 대한민국의 일은 결코 남의 일이 아니에요. 이건 우리의 일이고 동시에 나의 일이에요. 국가가 어찌되든 나 혼자 잘먹고 살면 되는 게 아니라 나의 무관심이 부메랑처럼 나 자신에게 돌아오게 돼 있어요.

세월호 참사를 이젠 잊어도 된다고 말해서는 안 되는 것도 그래서예요. 우리가 잊지 않고, 계속해서 관심을 가져야 억울한 죽음이 다시는 일어나지 않아요. 대충 넘어가면 다시 또 누군가는 죽고 다칠 수 있습니다.

결국 민주주의가 제대로 살아 움직이려면 국민이 자신의 소중한 한 표를 신성하게 행사하고, 주권자로서 항상 두 눈을 부릅뜨고 지켜보아야 하는 것이죠. 그러기 위해서는 언론도 날카롭게 살아 있어야 하고, 국회도 국민의 대의기관으로서 자신의 헌법상의 기능을 제대로 수행해야만 합니다. 국민이 헌법의 눈을 통해 지켜보고 있을 때에만 비로소 민주주의는 살아서 움직이고 호흡하게 됩니다. 국민의 관심이 민주주의를 움직이는 동력이 되는 것입니다.

세월호 참사 노란 리본

나는 날마다 헌법을 만난다

정당을
들여다보다

Pacta Sunt Servanda

대한민국 헌법 <제8조>

①정당의 설립은 자유이며, 복수정당제는 보장된다.

②정당은 그 목적·조직과 활동이 민주적이어야 하며,
국민의 정치적 의사형성에 참여하는데 필요한 조직을 가져야 한다.

정당을 들여다보다

2016년 4월 13일에 제20대 국회의원 총선거가 있었습니다. 우리 눈에는 잘 보이지 않아도 선거를 한 번 치르기 위해서는 유권자인 국민이 움직이고, 국민의 알 권리를 보장하기 위해 언론이 목소리를 내고, 스스로를 홍보하기 위해 후보자가 뛰고, 선거관리위원회가 선거 과정들을 관리하며, 끝으로는 정당이 열심히 활동합니다. 오늘은 정당에 대해 이야기해볼까 합니다.

<제8조>

①정당의 설립은 자유이며, 복수정당제는 보장된다.

②정당은 그 목적·조직과 활동이 민주적이어야 하며, 국민의 정치적 의사형성에 참여하는데 필요한 조직을 가져야 한다.

제1항에서 말하는 대로 정당 설립은 자유예요. 지금 이 자리에 계신 분들도 정당을 설립할 수 있어요. 교육공무원인 분이라면 안 되겠지만 말이에요. 제1항 후단은 "복수정당제는 보장된다."고 되어 있습니다. 복수정당은 두 개이상의 정당을 말합니다. 만약 제1항에 정당의 설립은 자유이며, 양당제를 보장한다고 표현했다면 후단이 전단을 위반하는 것이 되기 때문에 양당제는 헌법위반이 되는 겁니다. 앞에서 정당의 설립은 자유라고 해놓고 뒤에 가서 양당제로 제한하는 거잖아요. 특히 민주주의 국가에서는 국민의 다양한 정치적 의사들을 하나나 두 개의 정당으로 국한할 수는 없어요.

예를 들어서 이번에 제1당이 나왔고, 제2당이 나왔고, 캐스팅보트Casting Vote를 쥐고 있는 제3당이 나왔습니다. 그러면 이들 말고 국민들이 선택할 다른 정당은 없는 걸까요? 아닙니다. 다양한 생각을 반영한 정당이 있어야 하는거죠. 그래서 우리 헌법에서는 국민의 다양한 정치적 의사를 듣고 존중할 수 있도록 정당 설립의 자유를 규정하고서 누구든지 자유롭게 정당을 설립할 수 있게 했어요. 우리나라에 수많은 정당이 존립할 수 있는 근거죠.

정당은 무슨 일을 할까요?
정당은 몹시 바쁘게 일하고 있어야 맞지만 현재 대한민국에서는 정당이 하는 일이 확연하게 눈에 잘 드러나지 않아요. 정당이 하는 일을 하나

국회의사당 전경

하나 살펴볼게요. 우선 정당은 국회의원을 선출하기 위해 후보자를 추천합니다. 헌법과 법률이 정당에게 준 이 권한을 공직선거후보자추천권, 줄여서는 공천권이라고 합니다. 정당에서는 당선될 가능성이 높은 후보자를 내고 싶어 합니다. 정당은 방금 말한 헌법 제8조 제2항처럼 국민의 정치적 의사 형성에 참여해야 합니다. 정부가 어떤 정책을 내놓을 때 국민들은 자세히 모르기 때문에 국민 대신 이것은 어떤 부분에서 문제가 있다고 말해 줘야 해요. 그래야 국민들이 정치적 의사를 형성해서 정책에 찬성한다, 반대한다고 표현할 수 있는 것이죠. 그래서 국민들의 의사를 대신해서 정부에게 질문하고 따질 수 있는 훌륭한 후보자를 선출하는 것이 매우 중요한 것이에요.

결국 그렇기 때문에 선거는 우리에게 몹시 중요한 제도일 수밖에 없는 것입니다. 지금 우리는 한 선거구에서 국회의원을 한 사람만 선출하는 형태의 소선거구 다수대표제를 채택하고 있습니다. 상대보다 한 표라도 많으면 되는 상대다수대표제를 취하고 있는 것이죠. 또한 비록 다수득표로 당선이 되었다 하더라도 자신이 지지하지 않은 대표자가 뽑혔을 유권자들을 위해 비례대표제를 두어 상대다수대표제의 단점을 보완하고 있어요.

우리나라는 소선거구제이면서 동시에 비례대표제를 채택하고 있고, 독일은 철저한 비례대표제를, 미국은 비례대표 없이 상원 100명, 하원 435명 모두 소선거구제를 통해 선출하고 있습니다. 독일에서는 연방의회 의석 2분의 1을 비례대표로 선출하고 미국에서는 단 한 표만 많아도 그 후보자가 무조건 이기는 셈이죠.

2016년 4.13총선 결과가 우리 헌법질서에는 어떤 움직임을 만들어낼까요.

<국회법 제15조>
의장과 부의장은 국회에서 무기명투표로 선거하되 재적의원 과반수의 득표로 당선되며

먼저 국회법에 따라 국회의장과 국회부의장이 되려면 재적의원 과반수

득표를 얻어야 합니다. 보통은 제1당이 국회의장을 내게 되죠. 물론 캐스팅보트를 쥐고 있는 제3당이 선점해서 국회의장 자리를 내줄 테니 우리에겐 부의장을 달라고 할 수도 있겠지만 일반적으로는 그렇게 하지 않습니다.

국회의장은 법률안을 직권상정할 수 있는 권한이 있어요. 현재 국회에 계류 중인 법률안 가운데 교육에 관련된 것도 의결이 안 된 상태로 남아 있는 것들이 많아요. 우리나라는 회기계속의 원칙이어서 의결이 안 된 법률안이 있으면 그 상태로 계속 두다가 마지막에 급하게 통과시키거나 국회가 폐회하면서 끝나버려요.

미국 의회는 법률안을 제출했지만 회기 내에 의결하지 못하면 국회가 폐기해 버립니다. 이것을 회기불계속의 원칙Principle of Discontinuity이라고 합니다. 미국 의회에서는 법률안을 회기 내에 의결하지 못하면 폐기돼 버리기 때문에 또 제출해야 하는 거죠. 우리나라도 국회의원의 임기가 만료되면 그때는 법률안이 폐기됩니다. 제19대 국회가 마감하면서 현재 계류 중에 있던 모든 법률안이 사라져 버렸죠.

우리나라의 현재 국회의원 재적수는 300명이므로 과반수는 151명입니다. 국회에서 법률안을 만들 때는 단순다수결로 의결합니다.

<제49조>
국회는 헌법 또는 법률에 특별한 규정이 없는 한 재적의원 과반수의 출석과 출석의원 과반수의 찬성으로 의결한다. 가부동수인 때에는 부결된 것으로 본다.

여당이 과반수가 아닐 경우는 정부의 정책을 추진할 법률 제정이 어렵게 되겠지요.

미국에서는 상원의 과반수는 51석입니다. 그런데 미국에서는 여당과 야당이 50 대 50으로 동수일 때가 많아요. 만약 정부에서 개혁적인 정책을 추진하려고 해도 어려워지는 거죠. 이럴 때는 대통령이 상원의원 한 사람한 사람에게 직접 전화를 해서 부탁해요. 이러이러한 부분 부탁드립니다. 정중하게 말이에요.

<제86조>

①국무총리는 국회의 동의를 얻어 대통령이 임명한다.

<제87조>

①국무위원은 국무총리의 제청으로 대통령이 임명한다.

대통령이 어떤 사람을 국무총리 후보자로 지명했다고 가정해볼게요. 국회에서는 인사청문회를 하는데, 이때 국회 재적의원 과반수의 동의를 얻지 못하면 임명할 수 없게 돼요. 국무총리 임명을 못하면 국무총리가 제청해서 대통령이 임명해야 되는 국무위원을 교체할 수 없게 되지요.

<제98조>

①감사원은 원장을 포함한 5인 이상 11인 이하의 감사위원으로 구성한다.

②원장은 국회의 동의를 얻어 대통령이 임명하고, 그 임기는 4년으로 하며, 1차에 한하여 중임할 수 있다.

감사원장을 국회가 동의해야 대통령이 임명할 수 있게 돼 있습니다. 국회가 동의하지 않으면 마찬가지로 대통령이 감사원장을 임명할 수 없게 돼요. 선거관리위원회 위원은 9명인데, 그 가운데 3명은 대통령이 임명하고 3명은 국회가 선출하고 3명은 대법원장이 지명합니다. 국회에서 선출하는 인원 3명 가운데 여당이 2명을 추천해요.

<제104조>
①대법원장은 국회의 동의를 얻어 대통령이 임명한다.
②대법관은 대법원장의 제청으로 국회의 동의를 얻어 대통령이 임명한다.

<제111조>
④헌법재판소의 장은 국회의 동의를 얻어 재판관중에서 대통령이 임명한다.

국회가 동의하지 않으면 대통령은 대법원장·대법관·감사원장 등을 교체하고 싶어도 할 수 없어요. 대통령이 원하는 사람을 임명하고 싶어도 할 수 없는 것이에요. 이제 곧 우리나라에서는 대법원장과 헌법재판소장의 임기가 끝납니다. 그런데 지금 여소야대가 되어 버렸으니 야당이 반대하는 경우 임명이 어렵게 됐어요. 우리 국민이 이번 총선에서 이런 정치구도를 만들어준 거예요.

　"투표용지 한 장은 탄알 한 알보다 강하다."는 말이 있습니다.

　정말 그렇습니다. 우리가 던진 한 표가 이런 엄청난 힘을 정당에게 주기
도 하고 뺏기도 하는 거예요. 국민이 투표를 통해 선출하는 대표자에게 보
내는 신뢰를 헌법학에서는 민주적 정당성이라고 표현하는데, 민주적 정당
성이 클수록 국민의 지지를 많이 얻고 있다는 뜻입니다. 그래서 대통령 선
거에서 결선투표를 통해 과반수를 얻는 형식으로 대통령의 민주적 정당성
을 최대로 확보할 수 있도록 해주는 나라도 있습니다. 바로 프랑스입니다.

　프랑스 헌법은 대통령에게도 일정 권한을 주고 수상에게도 일정 권한을
주고 있습니다. 수상이 행사하는 권한에 대해서는 대통령이 손을 댈 수 없
어요. 대통령은 주로 외교와 국방에 관한 일을 맡고, 내정에 관한 일은 수
상이 맡는데, 이 둘은 당이 같을 수도 있고 다를 수도 있어요. 그래서 프랑
스 정부를 일컬어 동거정부라고도 합니다.

　프랑스에서는 대통령 선거를 할 때 1차 투표에서 투표자 과반수를 얻지
못하면 결선투표를 하게 돼 있습니다. 1위 득표자와 2위 득표자에 대해서
결선투표를 하는데, 결선에 세 사람이 올라갈 수도 있어요. 이렇게 해서
결선투표를 하게 되면 결과적으로는 당선자가 과반수를 얻게 되겠지요.
그렇게 해서 프랑스 국민 과반수가 지지하는 사람이라는 민주적 정당성을
당선자에게 부여해주는 거예요.

우리나라에서도 1987년에 헌법 개정할 때 프랑스처럼 결선투표를 해야 한다는 논의가 있었어요. 헌법 이론적으로도 대통령에 당선되는 이가 국민 과반수의 지지를 얻어야 하는 게 아니냐는 지적이 있었어요. 그러나 그때 여당과 야당의 셈법이 내놓은 결과는 같았어요. 여당이나 야당이나 할 것 없이 다자대결로 가는 게 더 유리할 것이라는 나름의 계산이 있었던 거죠. 그래서 1987년 대통령 선거는 일노삼김으로 치러져 노태우 후보가 대통령에 당선되죠.

민주적 정당성은 대통령뿐 아니라 모든 공직자가 가지고 있어야 합니다. 대통령이나 국회의원은 국민에게서 직접 민주적 정당성을 부여받은 것이지만 국무총리는 직접 민주적 정당성을 부여받은 대통령에게서 다시 민주적 정당성을 부여받는 형식이 되므로, 간접적으로 민주적 정당성을 부여받았다고 표현합니다.

민주적 정당성은 마치 생명체처럼 작아지기도 하고, 커지기도 하고, 아예 그 목숨이 사라지기도 합니다. 2017년이 4.19 민주혁명 57주년이 되는 해입니다. 과거 이승만 독재정권을 그 자리에서 물러나게 만들었듯이, 민주적 정당성은 이를 부여한 유권자인 국민이 다시 빼앗을 수도 있습니다. 반대로 대표로 뽑힌 이가 정말로 유권자의 뜻을 잘 펼쳐준다면 처음엔 민주적 정당성이 약하게 출발했다고 해도 그가 가진 민주적 정당성이 엄청나게 성장할 수도 있는 것이죠.

선거가 끝나고 나면 우리나라의 국정이 어떻게 운영될지 예측할 수 있게 돼요. 그래서 민주주의 국가에서는 선거 결과를 보면서 국정 방향을 다시 잡아나갑니다. 어떤 부분이 민주적 정당성을 약화시켰는지 살펴보면서 국민들의 지지를 다시 얻어나가는 거예요. 선진국에서는 국민들이 정당을 자신의 삶과 직접 연관되는 걸로 생각합니다. 내가 좋아하고 지지하는 정당에서 많은 대표자를 내야 내 삶도 편안해진다고 생각해요. 그래서 대부분이 정당에 가입합니다. 우리나라에 비해 매우 적극적인 태도로 정당을 지지하고 살피고 있는 겁니다.

정당에 가입하면 당비 납부 의무가 주어집니다. 선진국에서는 국민들이 당비를 충실하게 내고, 선거에 직접 참여하고 정당 관리에도 관심을 갖고 적극적으로 목소리를 내요. 우리나라는 국가가 정당의 운영에 필요한 자금을 보조하고 있는 형태예요. 가장 이상적인 것은 국민이 자발적으로 당비를 내고 그 돈으로 정당이 움직이는 것이에요. 그래야 우리나라 정당들도 힘을 얻고 국민의 지지를 받아 활발하게 활동하지요. 우리나라에서 돈이 없으면 정치하기 힘든 이유가 정당 자체가 돈이 없기 때문이기도 한 거죠.

덴마크 국회의원의 일상이 방송에 나온 적이 있어요. 자전거를 타고 출근하는데, 좁은 사무실을 의원 여럿이 나눠 써요. 한 명의 비서를 여러 의원이 함께 쓰는 식으로 돼 있고요. 우리나라 국희의원들이 누리는 특권과는 많이 다르죠. 우리도 정당과 국희의원에 대해서 좀 더 관심을 가져야 합니다. 특히 국민이 정당을 잘 지켜보아야 합니다. 정당이 선거에서 나타난 국민의 의사를 존중하면서 그에 따라 정당 활동을 하고 있는지 잘 봐야 해요. 선거 한 번으로 유권자의 역할이 끝나는 게 결코 아니란 뜻이에요. 계속해서 국회의원의 임기 동안, 대통령의 임기 동안 살펴보고 지켜보는 역할을 해나가야 한다는 거예요. 국민이 눈을 크게 뜨고 지켜보아야 정당도 제 몫을 해나가기 때문이에요.

우리 헌법의
데미샘

Pacta Sunt Servanda

대한민국 헌법 <제10조>

모든 국민은 인간으로서의 존엄과 가치를 가지며,

행복을 추구할 권리를 가진다.

우리 헌법의 데미샘

1996년 12월의 일이에요.

가족과 함께 독일 남쪽 멀리 내려갔습니다. 독일에서 가장 깨끗한 곳으로 손꼽히는 프라이부르크Freiburg im Breisgau였습니다. 프라이는 영어로 'free', 부르크는 'hil'이니까 프라이부르크는 우리말로 표현하자면 '자유로운 언덕'정도 되는 곳이에요. 거기에 슈바르츠발트Schwarzwald라는 곳이 있어요. 슈바르츠발트는 Black-Forest;, 검은 숲이지요. 숲 속으로 깊이 들어가면 거기에 조그맣고 맑은 샘이 하나 있어요. 그 샘을 여럿이 둘러서서 보고 있는데 제 옆 사람이 흘끗 보더니 이렇게 물어요.

"이게 무엇인지 아십니까?"

"잘 모르겠는데요."

"이 샘이 바로 도나우Donau 강 발원지입니다."

도나우 강

　독일어로는 도나우; 영어로는 다뉴브, '푸른 도나우 강'으로 우리에게 널리 알려져 있는 바로 그 강의 발원지인 것입니다. 이 자그마한 샘에서 물이 계속해서 퐁퐁 솟아나는데, 이게 유럽 여러 나라를 쪽 흘러가는 겁니다. 독일, 오스트리아, 슬로바키아, 헝가리, 루마니아, 불가리아, 러시아까지, 그 길이가 무려 2,850㎞입니다. 굉장히 길죠. 그 자그마한 샘에서 조금씩 흘러나오는 물이 유럽 중심부를 관통하면서 흑해로 흘러 들어가는 거예요. 참 신비로웠어요. 규모는 별로 크지도 않은데 말이죠.

　우리가 살고 있는 대한민국에도 이런 샘이 있어요. 전북 진안군 백운면 팔공산에도 이런 샘이 하나 있죠. 바로 데미샘이라고 하는 곳이에요. 그

데미샘에서 솟아오른 물이 조금씩 흘러서 섬진강이 돼요. 그 작은 샘 때문에 섬진강은 사시사철 맑고 푸른 물결을 흘려보내는 거예요.

인간의 권리, 이것을 인권이라고 해요. 큰 강에 발원지가 있듯이 인권에도 발원지가 있습니다. 인권에게도 맨 처음 솟아나는 샘물이 있다는 거예요. 1948년 12월 10일에 프랑스 파리에서 유엔 총회가 열립니다. 유엔 총회에서 하나의 결의를 하는데, 그 이름이 세계인권선언입니다. 거기서 이런 발표를 해요.

<세계인권선언 제1조>
모든 인간은 태어날 때부터 자유로우며, 누구에게나 동등한 존엄성과 권리가 있다.

저를 포함해서 여기 계시는 모든 분들은 태어날 때 자유롭게 태어났다는 뜻이에요. 김승환이라는 사람만 존엄한 것이 아니라 나도 존엄해. 김승환이라는 사람만 권리를 가지고 있는 것이 아니라 나도 권리를 가지고 있어. 어떻게? 평등하게. 이것을 1948년 12월 10일에 유엔이 선언하는 겁니다.

제1조의 두 번째 문장이에요.

인간은 타고난 이성과 양심을 지니고 있으며

인간이 왜 존엄할까요. 그건 이 두 가지 때문이에요. 이성과 양심. 그래서 인간은 태어나면서부터 어머니의 뱃속에서 나오면서부터 자유로운 존재로, 평등한 존재로 태어났다는 거예요. 다른 피조물은 갖고 있지 않은 이성이 있고 양심이 있다는 것, 1948년 12월 10일에 세계인권선언을 통해 말하고 있는 것이지요.

다음 해인 1949년 5월 23일에 제2차 세계대전이 끝나고 연합군이 독일을 동서로 나눠버리잖아요. 한반도는 남과 북으로 나눠버리고 독일은 동과 서로 나뉘는 거죠. 1949년 5월 23일 독일은 헌법을 만들어요. 이를 일컬어 독일 연방공화국기본법이라고 하지요.

왜 헌법이란 용어를 쓰지 않고 기본법이라는 용어를 썼을까요. 그들은 의지를 표명한 거예요.

"우린 헌법이란 용어는 안 쓸 거야. 통일하는 그날까지 헌법이란 용어를 쓸 수 없어. 헌법이론에서는 물론 우리도 헌법이지만 말이야."

그래서 다른 나라는 다 헌법이라고 하고 있는데 독일만 유독 기본법이란 용어를 쓰는 거예요. 그러고서 그 기본법, 헌법 제1조에 이런 문구를 달아요.

인간의 존엄은 불가침이다.

정리해보면 1948년 12월 10일에 유엔 총회가 의결한 인권문서에 처음으로 존엄이란 용어가 등장하고, 그 다음해 1949년 5월 23일에 독일 연방공화국 기본법 제1조에 "인간의 존엄은 불가침이다."라는 문장이 나오는 거죠. 그리고 뒤에 또 하나의 문장이 나와요. "이를 존중하고 보호하는 것은 모든 국가권력의 의무이다."

인간의 역사와 헌법은 그 줄기를 같이 해요. 이런 인간의 존엄과 국가권력에 대한 문장이 들어갈 때는 그만한 이유가 있는 것이지요. 그 이유를 살펴볼게요.

인류 역사에서 가장 참혹한 것이라면 무엇이 있을까요? 많이 죽었으니까 참혹할 수 있고, 적게 죽었어도 너무 잔인하니까 참혹할 수 있지요. 제2차 세계대전을 일으킨 아돌프 히틀러Adolf Hitler가 독일을 통치하던 시절에 나치스가 죽인 사람이 어림잡아 1,000만 명 정도라고 합니다. 혈통을 내세워 유대인·슬라브인을 죽인 것은 말할 것도 없고 장애인이나 고아들도 살 가치가 없다고 죽였어요. 인간 존엄이 대량으로 살상된 것이에요. 그래서 인류는 생각하게 된 거죠. 인간의 이성과 양심이 존재하는 한 더 이상은 이런 일을 만들어선 안 된다. 그래서 그런 문구를 만들어낸 것이지요.

이쯤에서 우리나라 헌법을 살펴볼까요?

우리 헌법은 1948년 7월 12일에 제정되고 같은 해 7월 17일부터 효력을 발생하죠. 제헌절을 7월 12일이 아니라 7월 17일이라고 하잖아요. 7월 17일에 제정된 대한민국 헌법에 "인간은 존엄하다."라는 선언이 있었을까요? 없었을까요?

없었어요. 당시는 인권에 대해 그렇게까지 깊이 알고 있는 이들이 없었기 때문이에요. 하지만 현행 헌법 제10조에 이렇게 규정돼 있어요.

<헌법 제10조>

모든 국민은 인간으로서의 존엄과 가치를 가지며, 행복을 추구할 권리를 가진다.

1948년 제헌헌법에는 이 조문이 없었습니다. 현행 헌법에는 언제 들어왔을까요?

우리 헌법에는 몇 차례의 격변기가 있었어요. 제1공화국이 있고 제2공화국이 있고, 제3공화국, 제4공화국, 제5공화국......이 다음부터는 숫자가 안 붙죠.

공화국 앞에 숫자를 붙이는 것은 헌법학적인 표현도 아니고 정치학적인 표현도 아니고 그저 정치적인 표현일 뿐이에요. 제2공화국은 4.19 민주혁명 이후에 세워진 장면 정부, 제3공화국은 5.16 군사쿠데타 이후 체제, 제4공화국은 유신체제, 이렇게 보는 거죠.

제2공화국인 장면 정부 때 헌법 개정을 두 번 하는데 그때도 헌법에 인간의 존엄이란 말은 나오지 않았어요. 그러면 언제 나왔을까요. 1961년 5월 16일 군사쿠데타가 발생하죠? 1962년 12월 26일에 군사정권은 헌법 개정을 합니다. 그게 제5차 헌법 개정인데 제8조에 이런 말이 나와요.

"모든 국민은 인간으로서의 존엄을 가지며 이를 위하여 국가는 국민의 인권을 최대한으로 보장하는 의무를 진다."

그러니까 1961년 군사쿠데타 이후 만들어진 헌법에서 대한민국 헌법 역사 최초로 '인간 존엄'이라는 용어가 나오게 되었다는 거예요. 우리 헌법 역사의 아이러니죠. 그런 아이러니한 배경에서 우리나라 헌법에는 1963년 12월 17일부터 효력을 발생한 제5차 개정 헌법에 처음으로 인간의 존엄이 들어오게 돼요. 그나마 다행스러운 일이에요. 물론 1963년에 이 조문이 우리 헌법에 등장하긴 했어도 그때도, 그 이후로도 계속해서 수많은 사람들이 불법연행을 당하고 불법체포와 구속을 당하고, 고문을 당했어요. 심지어 현역 국회의원들이 끌려가서 통닭구이라는 고문을 당하는 일들이 계속 벌어졌다는 거예요. 1980년 5.17 군사쿠데타 기억하실 거예요. 그때 수많은 사람들이 끌려갔어요. 영장도 이유도 없이, 변호인의 조력을 받을 권리마저 행사할 수 없는 상태로 끌려갔어요. 끌려간 사람 중에는 당시 고등학교에 다니는 학생들도 있었는데 말이에요. 그들은 삼청교육대로 끌려가서 온갖 고문과 강제노동을 당하다가 죽기도 하고 몸을 다치기도 했어요.

살아서 나온 사람들조차 그 이후에 무슨 일도 할 수 없었어요. 사람들이 손가락질하니까요. 저 사람 삼청교육대 갔다 왔대. 아무 이유 없이, 영장도 없이 끌려가서 고통을 당하다가 불구가 돼서 나왔는데, 그것도 억울한데 사람들이 손가락질한단 말이에요. 인간의 존엄? 어쩌면 그들에겐 그 용어 자체가 사치스럽지 않았을까요. 죄 없이 끌려가서 고문과 고통을 당하는 사람들에게 인권이라니요. 인간의 존엄이라니요. 그 사치스러운 용어를 그런 정권에서 쓸수는 없는 거예요.

왜 이게 가능한가? 도대체 아까 이야기한 유엔인권선언에서 나온 인간의 이성과 양심에 비추어 볼 때 전혀 이해할 수 없는 일들인데 왜 이런 것이 버젓이 행해지고 그리고 더구나 그런 불법세력이 한 일에 대해서 수많은 사람들이 가세를 하는가. 그 이유가 뭔가 하는 거예요. 집단지성이라는 말 쓰죠? 집단무지도 정말 무서운 거예요.

우리 헌법 제10조 다시 한 번 볼까요.

<제10조>

모든 국민은 인간으로서의 존엄과 가치를 가지며, 행복을 추구할 권리를 가진다.

조문에 모든 국민이라고 되어 있지요? 여기엔 예외가 없어요. 저런 사람이 어떻게 인간이냐. 저런 나쁜 놈은 인간도 아니야, 그런 게 헌법에는 없어요. 인간의 얼굴을 하고 도저히 할 수 없는 짓을 한 나쁜 사람에게도 헌법은 계속해서 "당신도 인간으로서의 존엄과 가치를 가지고 있습니다."라고 말하는 거예요. 그 사람이 저지른 죄에 대해서는 헌법과 법률이 정한 원칙과 절차에 따라서 거기에 상응하는 형벌을 가하고, 그 형벌을 이행하도록 하면 되는 거예요. 사실 우리나라는 이것마저도 잘 안 되지만 말이에요. 힘 있는 사람들은 검찰에서 소환하면 바로 마스크 쓰고 휠체어 타잖아요. 헌법과 법률이 명령하는 것을 그대로 따른다면 이렇게까지 법규범이 지켜지지 않는 세상이 되지는 않겠지요.

앞에서 언급한 섬진강의 발원지, 데미샘 기억하시지요? 우리 헌법에도 그 근간을 흐르며 지키고자 하는 가장 존엄한 가치가 있습니다. 우리 헌법의 데미샘에 해당하는 것이 바로 헌법 제10조입니다. 여기서 인권의 물줄기가 열리는 거예요. 마치 도나우 강 발원지에서 저 러시아까지 2,850㎞의 물줄기가 흘러가는 것처럼.

그런데 한번 생각해보세요. 똑같은 섬진강을 보더라도 어떤 사람은 섬진강에 가서 시도 쓰고 작품도 만들고 음악 감상도 하고 수많은 예술활동도 하지만 평생 섬진강에 안 가본 사람도 수없이 많을뿐더러 가서도 멍하니 있다가 오는 사람도 많아요.

인권의 데미샘에 해당하는 인간의 존엄이라는 문구를 보고서도 전혀 관심이 없는 사람, 아예 평생 한 번도 쳐다보지 않는 사람도 많은 것이지요. 여기 계시는 분들은 헌법 제10조를 다 읽었을 거라고 생각해요. 반대로 평생 한 번도 제10조를 읽어보지 않은 사람도 많을 거예요.

헌법학자들은 인간의 존엄과 가치는 모든 기본권의 이념적 출발점이라고 해요. 이념은 인간이 도달하고자 하는 최상의 상태, 아 저기까지 가면 되겠다는 상태를 이념이라고 해요. 인간의 존엄과 가치가 바로 그 이념의 출발점이라는 거예요. 그 위에 대한민국이 서 있어요. 국가로서 말이에요. 이것이 대한민국이라는 국가를 받치고 있는 최고의 원리라는 거죠. 이를 헌법의 최고 구성 원리라고 하는데, 이 두 개의 표현은 인간의 존엄에만 씁니다. 다른 데에는 쓰지 않아요.

섬진강 강줄기는 흘러가면서 다양한 모양을 만들어요. 늪지 같은 곳도 있고 아주 얕은 곳도 나오는데, 작은 물고기들이 막 움직이는 데도 있고, 매우 깊어서 사람 손이 잘 닿지 않는 곳도 있어요. 이렇게 섬진강이 자신의 줄기를 따라 얕고 깊은 여러 물웅덩이를 만들면서 흐르는 것처럼 우리 헌법에서도 '인간 존엄'이라는 물줄기가 흐르면서 수많은 기본권을 말하는 거예요.

<제11조>
①모든 국민은 법 앞에 평등하다.

<제12조>
①모든 국민은 신체의 자유를 가진다.

<제13조>
①모든 국민은 행위시의 법률에 의하여 범죄를 구성하지 아니하는 행위로 소추되지 아니하며, 동일한 범죄에 대하여 거듭 처벌받지 아니한다.

<제14조>
모든 국민은 거주·이전의 자유를 가진다.

<제15조>
모든 국민은 직업선택의 자유를 가진다.

<제16조>

모든 국민은 주거의 자유를 침해받지 아니한다.

<제17조>

모든 국민은 사생활의 비밀과 자유를 침해받지 아니한다.

<제18조>

모든 국민은 통신의 비밀을 침해받지 아니한다.

<제19조>

모든 국민은 양심의 자유를 가진다.

<제20조>

①모든 국민은 종교의 자유를 가진다.

<제21조>

①모든 국민은 언론·출판의 자유와 집회·결사의 자유를 가진다.

그래서 이런 식으로 인권을 나열해 나가는 거예요. 인간에게는 이런 자유, 이런 자유, 이런 자유가 있다. 우리는 이것을 보호할 거야, 저것을 보호할 거야, 하면서 말이죠.

그런데 헌법 소문이라고 하는 것은 완성된 체계가 아니에요. 이미 완벽하게 완성된 체계면 더 이상 누가 손댈 필요도 더 이상 다른 해석을 붙일 필요도 없어요. 그런데 헌법은 참 겸손해요. 제가 볼 때는 모든 법규범 중에서 가장 겸손한 규범이 헌법이에요. 헌법은 자기 몸을 열어서 다 보여드릴게요, 또 뭔가 말씀하고 싶으세요 하면서 귀를 기울여요. 즉 헌법은 열려 있는 법규범이라는 뜻이에요. 그래서 세월이 흐르면 흐를수록 계속해서 새로운 인권을 말해요.

1920년대, 30년대, 40년대만 하더라도 말하지 않은 인권이 있어요. 영어로 하면 프라이버시권Right Of Privacy. 오늘날 우리가 말하는 정보인권이 그때만 해도 없었어요. 요새 학생들이 말하잖아요. 두발 어떻게 할 거냐. 옷을 어떻게 입고 다닐 거냐. 이건 우리에게 맡겨주세요. 우리 인권이잖아요. 그걸 헌법상 '일반적 행동 자유권'이라고 해요. 하지만 이전에는 사람들이 관심이 없었고 잘 알려지지도 않은 권리지요. 이 자리에 계신 분들도 잘 모르실 거예요.

예를 들어볼게요.

누군가 새로운 생명을 잉태했다, 얼마나 감격스러워요. 너무 행복하죠. 그런데 만약 임신을 지속한다면 산모의 생명이 위험할 수 있다면 어떻게 하지요? 아이의 생명과 내 생명을 바꿔야 하는 상황이 발생한다면 말이에요. 그때 나오는 인권이 임신 지속 여부에 대한 자기결정권이에요. 엄마가 낙태를 결심하는데 뱃속 태아가 '엄마만 인권이 있는 것이 아니에요. 나도 인권이 있어요. 내 인권을 존중해주세요.'라고 한다면? 이때 태아가 주장하는 인권이 뭐겠어요?

생명권이에요.

엄마의 건강권과 또 다른 측면에서는 태아의 생명권 이것을 국가는 저울질하는 거예요. 형법에서 낙태죄를 처벌하면서 원칙적으로 낙태를 하지 말라는 거예요. 그런데 다른 법률에서 허용하는 기준을 말하는 거예요. 이럴 경우, 이럴 경우, 이럴 경우에는 낙태를 할 수 있다 이렇게 하는 거예요.

그렇습니다. 뱃속에 있는 태아를 포함하여 살아 있는 인간 모두는 존엄합니다. 인간 존엄은 그 누구도 부정해선 안 돼요. 그런데 누가 물어보는 겁니다. 당신이 존엄하다고 주장하는데 당신이 존엄하다는 근거는 뭐요? 뭘 근거로 당신이 존엄하다고 생각합니까? 어떠신가요. 내가 존엄한 근거는 뭔가요. 그래서 이것 가지고 신학적으로, 철학적으로 논쟁을 벌이는 거예요. 신학적 논쟁은 여러 가지가 있지만 이게 가장 유력할 것 같아요. 인간은 신의 형상을 지니고 있기 때문에, 신의 이미지를 지니고 있기 때문에 존엄한 거지요. 철학적 논쟁으로는 임마누엘 칸트Kant, Immanuel가 한 말이 유명해요. 인간은 윤리적 자율성을 가지고 있기 때문에, 윤리는 옳고 그름 그런 것을 판단하잖아요. 인간은 그것에 대한 자율성을 가지고 있다는 거예요. 그래서 그런 것을 전제로 해서 모든 인간은 존엄하다 이렇게 말을 해요.

존엄의 구체적 내용을 한번 분석해보죠. 우리 모두는 존엄합니다. 존엄하다는 게 어떤 의미를 가질까요. '나는 인간이다'라는 것을 반대로 해석하면 나는 짐승이 아니란 거예요. 난 짐승도 아니고 물건도 아니라는 거죠. 나는 인간이라는 거예요.

그런 질문 혹시 들어보셨어요? 당신이 이 땅에 존재하는 목적은 뭐냐? 한 번 생각해보십시오. 내가 이 순간 이 땅에 존재하는 목적은 뭘까? 저는 그런 말 자주 합니다. 누가 "당신은 누구냐?"라고 물어보잖아요. 당당하게 이렇게 말해요.

"나는 나입니다. 나는 나이기 때문에 존재합니다. 세상의 중심은 나입니다."

인간은 스스로 존재 목적이에요. 그 자체가 목적이에요, 인간은. 이게 무슨 말이겠어요. 인간은 그 무엇을 위한 도구나 수단이 될 수 없다는 거예요. 자기의 사적 이익을 챙기기 위해서 나를 수단화시키는 것을 경험할 때 이렇게 말하잖아요. "나 갖고 장난치냐?" 엄청 기분 나쁜 거죠. 난 나 자체가 목적인데 그걸 도구로 만들어버렸으니까요. 또한 나는 어떤 경우에도 객체가 될 수 없어요. 나는 주체라는 거예요.

방금 이야기한 세 가지를 정리하면 인간은 인간성, 목적성, 주체성을 가지고 있는 존재라는 거예요. 인간 존엄은 이런 의미를 갖는다는 거죠. 자, 그래서 나는요. 인간 존엄을 가지고 있는 존재로서 항상 살아갈 때, 무슨 일을 할 때 내 일은 내가 결정합니다. 다른 사람이 결정하는 것이 아니라 내가 결정해요. 이걸 가리켜서 '자기결정'이라고 해요. 그래서 인간 존엄의 핵심적인 인권은 자기결정권이에요.

여기서 중요한 것은 자기결정에 대한 책임은 자신이 져야 한다는 거예요. 그러니까 자기결정과 자기책임은 동전의 양면처럼 같이 가는 거예요. 자기가 행동은 해놓고 책임은 안 지려고 하면 안 돼요. 결정했으면 반드시 그에 상응하는 책임을 자기가 져야 해요. 범죄행위를 하기로 결정했으면 그에 상응하는 책임도 지라는 거예요. 타인에게 손해를 가했으면 그에 대한 책임도 지라는 거예요.

요즘 성범죄 많이 발생하죠. 성범죄가 1차적으로 침해하는 인권이 성적 자기결정권이에요. 성에 관한 결정을 내가 해야 하는데 그걸 침해하니까 처벌해야 할 범죄행위가 되는 거죠.

우리 전북에도 부착형 이름표를 사용하는 학교가 있어요. 학생들의 이름은 그 학생의 정보인권이죠. 만약 난 내 이름이 너무 자랑스러워요. 그래서 내 이름을 누구에게나 보여주고 싶어요. 그러면 그렇게 하는 거야. 왜 그러냐. 자기결정권이니까.

정보 자기결정권을 살펴볼게요. 학생부에 여러 가지를 기재하죠. 기재한 내용에 대해서 다른 학생들은 알아서는 안 되는 거예요. 학생생활기록부 기재내용 공개 여부 결정권 이건 내 인권이란 말이에요. 내가 결정하는 거예요. 아직도 이런 학교가 있다고 해요. 시험 끝나고 나서 교실 벽에 과목별 점수, 이름 등을 쫙 붙여놔요. 누구는 몇 점, 누구는 몇 점. 내 점수를 내 동의 없이 공개한다? 안 돼요. 그건 반드시 내 사전 동의가 있어야 되는 거예요.

그러면 교사 가운데 이런 말을 할 수도 있겠죠. 때론 이렇게라도 해서 아이들을 올바르게 이끌어내려 한다. 그런데 그것보다 더 무서운 것은요. 이렇게 무의식적으로 또는 습관적으로 인권침해를 당하면서 성장한 아이들은 나중에 어른이 되어서 또는 높은 위치에 있을 때, 똑같은 행동을 한단 말이에요. 같이 일하는 사람들 인권을 무시하는데 무시하는 줄도 모르는 거죠. 인권 불감증 때문에 무시하는 줄도 모르는 거예요.

"예쁜 여선생이 교장선생님 옆에 앉으세요."

이런 말 들어보셨어요? 그러면 그 지목을 받은 여교사만 인권침해를 당한 게 아니라 모든 사람의 인권이 침해당한 거예요. 그때 침해당한 인권이 뭐겠어요. 인격권이에요. '내가 무슨 노리개야.'라는 불쾌한 감정인 거죠.

이런 의식을 제대로 갖고 있지 않은 상태에서 수사기관에 들어가서 수사를 한다든가 재판기관에서 재판을 한다고 가정해볼게요. 여기서 문제가 또 생기는 거예요. 헌법 제12조 제2항에 고문 금지에 대한 언급을 하고 있어요. 고문할 때 고문의 목적이 뭐예요. 자백을 받아내려고 하는 거죠. 그런데 우리 헌법에선 말하고 있는 거예요. 자백을 받아내려고 고문을 해서는 절대 안 된다고. 제12조 제7항은 고문을 통해서 자백을 얻어내면 그것은 절대 증거로 쓸 수 없다고 되어 있어요.

그렇지만 우리나라의 역대 재판과정에서 고문을 통해서 얻어낸 자백을 증거로 써왔단 말이에요. 부끄럽게도. 전기고문·물고문 당한 흔적을 재판장에게 보여주면서, "재판장님 제 몸 좀 보십시오. 이렇게 고문당했습니다." 해도 본 체 만 체하면서 유죄를 선고했단 말이에요. 얼마나 많은 사람이 이런 일에 희생당했냐는 거예요. 설사 실체적 진실을 발견 못 하는 한이 있더라도, 범죄인을 놓치는 한이 있더라도 더는 사람들이 이런 일에 희생되지 않도록 항상 원칙을 지켜나가야 돼요.

인간의 존엄이라고 하는 것은 절대 우리가 놓쳐서는 안 되는 거예요. 포로의 지위에 관한 제네바협정 아시죠. 포로를 죽일 수 없죠. 포로에게 고문할 수도 없죠. 안중근 의사는 1909년 12월 26일 이토 히로부미에게 총을 세 발 쐈잖아요. 그런데 그 안중근 의사에 대해서 사형선고를 집행해버렸어요. 안중근 의사는 깨끗하게 죽으라는 어머니의 뜻을 따라서 항소하지 않고 사형집행을 당하셨어요.

그런데 당시 대한민국 상해임시정부는 일본 정부에 선전포고를 한 상태입니다. 두 나라는 전쟁상태인 거죠. 안중근 의사는 전쟁상태에서 적장을 쏜거예요. 그러면 안중근 의사의 국제법적 지위는 뭐겠습니까? 포로예요. 그래서 안중근 의사에 대해서는 고문할 수도 없고, 가혹행위 할 수도 없고, 더구나 법정에 세워서 사형판결을 선고하고 사형집행을 할 수 없단 말이에요. 그런데 세계 주변 강대국에서는 이 사실을 알면서도 묵인해버렸어요. 강대국 중에서 누군가가 아니다. 이건 국제법적 원칙에 따라 처리해, 라고 했으면 일본도 그렇게 못 하는 거죠,

인간의 존엄은 그렇게 중요한 거예요. 누구도 훼손할 수 없어요. 그래서 인간의 존엄에 대해서 "예외없이 보장된다."라고 말해요. 인간의 존엄은 우리 헌법의 맥을 타고 흐르는 가장 뜨거운 핏줄이에요. 이것을 알고 있는 것과 모르는 것은 달라요. 인권에 대해 이야기하는 헌법의 목소리를 지금부터라도 귀 기울여 들어야 합니다.

미란다 원칙,
신체의 자유는
인간의 자유다

Pacta Sunt Servanda

대한민국 헌법 <제12조>

①모든 국민은 신체의 자유를 가진다.

누구든지 법률에 의하지 아니하고는

체포·구속·압수·수색 또는 심문을 받지 아니하며,

법률과 적법한 절차에 의하지 아니하고는

처벌·보안처분 또는 강제노역을 받지 아니한다.

미란다 원칙, 신체의 자유는 인간의 자유다

오늘은 인간의 신체가 가진 자유를 이야기해보려고 합니다.

1963년 3월 2일 미국 애리조나주에서 성폭행 사건이 발생했습니다. 한 남성이 18세 된 여성을 납치해 외딴 곳으로 끌고 가 성폭행을 한 것입니다. 이 남성이 체포됐는데 수사기관에서 범죄행위를 자백합니다. 변호인을 선임할 비용이 없던 이 남성에게 국가는 변호인 선임 비용을 지원해줍니다. 당시 돈으로 100달러 정도 됐다고 해요. 그런데 이 변호인이 재판 중 한 가지 엄청난 사실을 발견합니다. 경찰관이 이 남성을 체포할 때 "당신은 당신의 행위에 대해서 묵비권을 갖고 있습니다. 당신은 변호인의 도움을 받을 권리를 갖고 있습니다."라는 말을 하지 않았던 거예요.

이 사건은 애리조나주 대법원까지 갔다가 미국 연방대법원으로 올라가는데, 미국 연방대법원은 "이 사건은 비록 자백은 존재하지만 유죄 판결을 내릴 수 없다."면서 무죄판결을 선고합니다. 이 남성의 이름이 바로 어네스토 미란다Ernesto Miranda입니다. 연방대법원에서 미란다가 무죄를 선고받은 날짜가 1966년 2월 13일입니다. 이날은 전 세계가 인간의 신체를 보호하기 위한 매우 강력한 법률적 관심을 갖게 되었다는 점에서 매우 뜻깊은 날이라고 할 수 있어요. 법에 관심이 없는 사람이라 하더라도 영화나 드라마에서 미란다 원칙을 알려주는 모습은 많이 보셨을 겁니다.

미란다 원칙이란,

첫째, 당신은 묵비권을 갖고 있습니다.

둘째, 당신이 말하는 것은 법정에서 당신에게 불리하게 이용될 수 있고 이용될 것입니다.

셋째, 당신은 변호인의 도움을 받을 권리가 있습니다.

이 세 가지입니다. 이 세 가지 경고를 범죄행위를 했다고 의심되는 사람을 체포할 때 경찰관이 반드시 말해야 하고, 체포 후 조사를 하면서도 정확하게 말해야 한다는 겁니다. 이를 빠뜨릴 경우 자백이 존재하고 범죄의 증거가 존재한다고 하더라도 유죄판결을 선고할 수 없다는 것이고요.

대한민국에도 이미 형사소송법에서 미란다 원칙을 규정해두고 있습니다. 우리나라에서 국민들이 미란다 원칙에 관심을 갖게 된 것은 고 박종철 열사 고문치사사건 때부터였습니다. 1987년 2월에 경찰이 "턱하고 치니까 억하고 죽었다."고 발표해서 온 국민의 분노를 일으켰던 사건이죠. 당시 경찰관들은 대학생 박종철을 치안본부가 있던 남영동 대공분실로 끌고

가면서 미란다 원칙을 말하지 않았습니다. 그대로 끌고 가서 온갖 고문을
한 것도 모자라 사건을 은폐하려고까지 했지요. 우리나라도 그때부터 이
미란다 원칙을 엄격하게 바라보기 시작했습니다. 헌법 제12조와 제13조
는 신체의 자유에 관해 규정하고 있는데, 특히 헌법 제12조는 우리나라 헌

법 조문 중 ㄴ 길이가 가장 길어요. 항이 무려 7개나 나옵니다.

<제12조>

⑦피고인의 자백이 고문·폭행·협박·구속의 부당한 장기화 또는 기망 기타의 방법에 의하여 자의로 진술된 것이 아니라고 인정될 때 또는 정식재판에 있어서 피고인의 자백이 그에게 불리한 유일한 증거일 때에는 이를 유죄의 증거로 삼거나 이를 이유로 처벌할 수 없다.

고문을 통해서 자백받은 것은 유죄의 증거가 될 수 없고, 이를 이유로 처벌해서도 안 된다고 헌법 제12조가 말하고 있는 것이에요. 그런데 현실은 어떠했을까요. 영화 〈변호인〉 보셨을 겁니다. 법정에서 피고인이 "고문당했습니다." 하면서 직접 상처를 보여줘도 판사들은 유죄판결을 선고했습니다. 과거 수많은 사람이 고문에 의한 거짓 자백을 하고, 그에 따라 유죄를 선고 받았어요. 가장 대표적인 게 간첩조작 사건이고요. 이런 일이 다시는 일어나지 않도록 신체의 자유에 관해서 헌법은 아주 세심하게 규정하고 있습니다. 이를 이해하기 위해 몇 가지 법률 용어를 알아보겠습니다. 먼저 영어권에서는 형사피의자는 'Suspect', 형사피고인은 'The Accused'라고 분류합니다.

형사피의자는 경찰이나 검찰 같은 수사기관에서 수사받고 있는 사람이고, 수사가 끝난 다음 검찰이 기소하면 그때부터 그의 법적 신분은 형사피의자가 아닌 형사피고인이 돼요.

<제12조>

①모든 국민은 신체의 자유를 가진다. 누구든지 법률에 의하지 아니하고는 체포·구속·압수·수색 또는 심문을 받지 아니하며, 법률과 적법한 절차에 의하지 아니하고는 처벌·보안처분 또는 강제노역을 받지 아니한다.

영어로 신체의 자유를 'Freedom Of Person'이라고 합니다. 모든 인간이 자유로운 신체를 가질 권리가 있다는 뜻입니다. 제12조 제1항이 말하는 강제노역은 일하기 싫어도 해야 하는 것을 말합니다. 예를 들어 벌금형을 선고받았을 때 벌금을 내지 못하면 노역을 해야 하는데, 이때 피고인이 해야 하는 일을 강제노역이라고 합니다. 이때도 반드시 법률과 적법한 절차에 따라 하도록 되어 있는 것입니다.

제12조의 체포·구속·압수·수색을 순서대로 알아보겠습니다. 현실에서는 당연히 수색을 하고 그다음 압수를 하고 있지만 헌법 제12조는 압수 다음 수색을 말하고 있습니다. 순서가 틀린 것이죠. 이건 일본에서 하는 대로 잘못 옮겨 적었기 때문이에요. 나중에 헌법 개정할 때 체포·구속·수색·압수 순서로 바꿔야 해요.

우리나라는 법원에서만 영장을 발부할 수 있습니다. 검사가 아무리 형사범죄 피의자를 구속시키고 싶어도 법원이 이를 허가하지 않으면 구속시킬 수 없습니다. 검사는 영장을 청구하고, 법원은 이를 허가하는 것이죠. 헌법 제12조 제1항의 제2문에서 체포·구속·압수·수색이 나오기 때문에 법원이 발부하는 영상의 종류는 내 개인 셈인데, 그 밖에도 두 가지의 영장이 더 있습니다.

통화할 때 혹시라도 누군가가 통화를 엿들을까 불안한 적 있나요. 통신비밀보호법은 다른 사람의 통화를 엿듣지 못하도록 하고 있습니다. 감청을 하려면 법원의 허가를 받아야 하는데, 감청에는 일반감청이 있고 감청후에 법원의 허가를 받는 긴급감청이 있어요. 일반감청을 위해서도 법원이 영장을 발부해야 합니다.

영장이 필요한 마지막은 개인의 금융정보를 보려 할 때입니다. 예를 들어 누군가 뇌물을 받은 것으로 의심될 경우 도교육청이 감사를 하잖아요. 그런데 도교육청 감사팀에게는 개인의 금융계좌를 추적할 수 있는 계좌추적권이 없어요. 검찰에 관련 내용을 고발하면 검찰이 법원에 영장을 청구하고, 법원이 영장을 발부해야만 합니다. 도교육청의 감사가 가진 한계인 것이지요.

<제12조>

②다만, 현행범인인 경우와 장기 3년 이상의 형에 해당하는 죄를 범하고 도피 또는 증거인멸의 염려가 있을 때에는 사후에 영장을 청구할 수 있다.

우리는 영장을 사전에 발부하도록 하고 있습니다. 이를 가리켜 사전영장주의라고 합니다. 그러나 현행범, 장기 3년 이상의 범죄를 저지른 자로서 도피하거나 증거인멸이 염려되는 등 몇 가지 예외적인 단서를 두고 있어요. 당장 구속하거나 체포가 필요한 이런 경우를 긴급체포, 긴급구속이라고 합니다.

체포영장은 48시간까지 효력이 있습니다. 보통은 체포영장을 발부받고 나서 주어진 48시간 동안 피의자를 조사해서 자백을 얻어내거나 증거를 찾아냅니다. 48시간이라는 제한이 있으니 이 과정은 무척 긴박하겠죠. 48시간 만으로는 조사가 끝나기 어렵다면 법원에 피의자를 구속할 수 있는 구속영장을 청구합니다. 구속영장이 나오면 피의자를 10일까지 구속할 수 있기 때문에 보통은 피의자를 조사하는 48시간 안에 구속영장까지 청구합니다. 체포영장으로 48시간을 확보하고, 구속영장으로 8일을 버는 것이죠. 수사기관에서는 이 10일 이내에 기소해야 할지 말아야 할지 판단해야 합니다.

그렇지만 경우에 따라서는 피의자로 구속당한 것이 억울할 수도 있겠지요. 피의자가 구속영장이 정당한 것인지 법원이 다시 살펴줄 것을 요청하는 것을 체포·구속적부심사청구제도라고 합니다. 이때의 영장은 구속영장을 뜻하는 것으로 구속영장이 발부된 것이 정당한 것인지 재판부에서 다시 심사하는 것이지요. 구속영장의 발부가 적정하지 않은 것이었다고 판단하면 구속된 피의자를 석방하고요.

압수·수색영장은 압수하고 수색하려는 것이 무엇인지 개별적이고, 구체적이면서도 명확하게 적시해야 합니다. 물론 헌법 규정상으로는 그렇게 되어 있어도 과거 우리나라에서는 그렇지 않았던 적이 많습니다. 피의자가 이를 정확하게 알고 있어야 수사기관에게 제대로 된 영장을 가져오라

헌법 수호자의 상 / 헌법재판소 제공

고 당당하게 요구할 수 있겠죠.

이제 피의자의 가장 가까운 곳에서 도와줄 변호인에 관하여 살펴볼게요.

변호인의 도움을 받을 권리는 미란다 원칙의 마지막에 등장하기도 했지요.

<제12조>

④누구든지 체포 또는 구속을 당한 때에는 즉시 변호인의 조력을 받을 권리를 가진다. 다만, 형사피고인이 스스로 변호인을 구할 수 없을 때에는 법률이 정하는 바에 의하여 국가가 변호인을 붙인다.

우리 헌법은 피고인의 죄가 무거울 때 국가에서 변호인을 붙여 그를 보호하게 돼 있습니다. 검사가 구형할 형량이 높을 거라고 예상되는 중범죄 피고인에게조차 적극적으로 자신을 방어할 수 있도록 변호인의 도움을 받을 수 있는 장치를 마련해둔 겁니다. 앞에서 살펴본 성폭행 범죄의 피고인이었던 미란다도 국선 변호인을 선임했었죠.

<제12조>

⑤누구든지 체포 또는 구속의 이유와 변호인의 조력을 받을 권리가 있음을 고지받지 아니하고는 체포 또는 구속을 당하지 아니한다. 체포 또는 구속을 당한 자의 가족 등 법률이 정하는 자에게는 그 이유와 일시·장소가 지체없이 통지되어야 한다.

대한민국 형사소송법 제214조의 2는 체포와 구속의 적부심에 관하여 규정하고 있습니다.

<형사소송법 제214조의 2>
①체포 또는 구속된 피의자 또는 그 변호인, 법정대리인, 배우자, 직계친족, 형제자매나 가족, 동거인 또는 고용주는 관할법원에 체포 또는 구속의 적부심사를 청구할 수 있다.

법원에 적부심사를 청구할 수 있을 뿐 아니라 가족들에게 체포 또는 구속을 당할 때에도 일시와 장소를 바로 통지하게 되어 있는 겁니다. 고 박종철 열사가 경찰관들에게 끌려갈 때 본인에게는 미란다 원칙을 고지하지 않았고, 같이 살고 있었던 누나에게도 어디로 끌고 갔는지 통지하지 않았습니다. 잘못 행사된 국가권력의 모습인 겁니다.

다시는 고 박종철 열사처럼 억울하게 국가권력에게 희생당하는 일이 생기지 않도록 헌법 제12조는 준엄하게 명령하고 있습니다. 체포와 구속처럼 인간의 신체를 억압하는 일이 생길 때에는 피의자가 된 이에게 충분히 관련 내용을 설명해야 하며, 가족들에게도 이를 알게 하여 국가권력이 제멋대로 그 힘을 남용하지 않도록 한 것이죠. 이를 통해 우리는 대한민국의 헌법 전체에 흐르고 있는 미란다 원칙을 엿볼 수 있습니다.

우리 헌법이 이렇게까지 촘촘하게 장치를 마련하여 인간의 신체의 자유를 보장하려고 하는 이유는 모든 인간이 피의자 신분에 놓이게 될 때 심리적으로 위축되어 자신을 적절하게 방어하기 어려워진다는 것을 전제로 하는 겁니다. 검사 앞에서 조사받을 때, 경찰관이 동행을 요구할 때, 심지어는 검문소에서 신분증을 달라고 할 때조차 평범한 시민들은 위축이 된단 말이에요. 그래서 무기평등의 원칙이 중요합니다.

무기평등의 원칙이란 쉽게 말해 같은 무기를 가지고 싸워야 한다는 겁니다. 재판에서 법률적 전문지식이 검사의 무기이듯이 평범한 일반 시민도 이에 맞서 변호인이라는 법률적 전문지식을 가진 사람을 대신 내세울 수 있게 한 것입니다. 그래야 서로 공평한 싸움이 되니까요. 설사 형사피의자나 형사피고인의 신분이 된 이가 현직 판사나 현직 검사라 할지라도 변호인의 도움은 반드시 필요합니다. 재판은 피고인의 사회적 신분에 따르는 게 아니라 법률적 신분에 따르는 것이기 때문이지요

이런 과정을 거쳐 재판은 실체적 진실에 다가갑니다. 심증은 있되 물증은 없는 사건들도 더러 있지만, 재판은 증거에 의한 증거재판주의를 철저하게 따릅니다. 증거 없이는 그 누구도 유죄라고 볼 수 없는 것입니다.

미란다 원칙을 다시 한 번 살펴볼게요.

첫째, 당신은 묵비권Right of Silence을 갖고 있습니다.

이때 묵비권은 불리한 말을 해서 자신에게 피해가 되지 않도록 피의자가 침묵할 수 있는 권리입니다.

둘째, 당신이 말하는 것은 법정에서 당신에게 불리하게 이용될 수 있습니다.

앞에서 묵비권을 설명했지만 한 번 더 말합니다. 형사피의자는 불리해질 수 있으니 말하지 않아도 된다는 겁니다.

셋째, 당신은 변호인의 도움을 받을 권리가 있습니다.

피의자가 하고 싶은 말은 모두 변호인을 통해 말하게 하는 겁니다.

이렇게 미란다 원칙은 피고인이 자칫 자신에게 불리한 말을 하지 않도록 묵비권을 행사할 수 있게 하고, 변호인의 도움을 받아서 재판에서 모든 걸 밝히도록 하게 한 것이죠. 미란다 원칙의 핵심은 형사피의자에게 말하는 겁니다. "두려워하지 마세요. 법정에서 변호인을 통해 싸우세요. 그 전에는 아무 말 하지 않아도 돼요."라고.

우리의 형사소송법상 검사가 조사하는 형사피의자와 검사는 수직관계에 있습니다. 압수와 수색이 가능하고, 계좌를 살펴볼 수 있기 때문이에요. 그러나 검사가 기소하여 형사피고인이 되는 순간부터는 그 관계가 대등해집니다. 형사재판에서는 피고인과 검사가 서로 수평관계에 있는 양 당사자라고 보는 겁니다.

정식재판이 아니라 약식재판도 있습니다. 약식재판은 법원에 가지 않아도 서류만 보고서 판결을 선고하는 겁니다. 가벼운 벌금사건 같은 경우죠. 이때에도 피고인이 판결문을 보고 정식재판을 원하면 그때부터는 다시 정식재판으로 넘어가게 됩니다.

<제12조>

⑦피고인의 자백이 고문·폭행·협박·구속의 부당한 장기화 또는 기망 기타의 방법에 의하여 자의로 진술된 것이 아니라고 인정될 때 또는 정식재판에 있어

서 피고인의 자백이 그에게 불리한 유일한 증거일 때에는 이를 유죄의 증거로 삼거나 이를 이유로 처벌할 수 없다.

제12조의 제7항은 형사재판에서 매우 중요합니다. 자백이야말로 재판부가 유죄를 판결할 결정적인 요소임에도 불구하고, 형사피고인에게 불리한 상태에서 한 자백이라면 그건 옳지 않다고 보는 겁니다. 그 누가 봐도 확실한 증거가 있다 하더라도 말이에요.

경찰이 피의자를 구속해서 수사할 수 있는 기간이 최대 10일이고 검찰이 구속할 수 있는 기간은 최대 10일인데 여기에 한 번 더 10일까지 연장할 수 있어요. 경찰부터 검찰까지 최대 30일을 구속해서 수사할 수 있는 셈이죠. 만약 30일까지 자백하지 않고 있다가 31일째에 자백을 한다고 하면 그건 자백으로서 인정하지 않아요. 구속의 부당한 장기화이기 때문이에요.

만약 자백하면 풀어주겠다고 피의자에게 약속해놓고 막상 자백한 다음 기소해버린다면 이건 기망이라고 합니다. 속였다는 뜻이죠. 기망으로 자백을 얻어낸 증거 역시 재판에서 인정하지 않습니다.

<제13조>
①모든 국민은 행위시의 법률에 의하여 범죄를 구성하지 아니하는 행위로 소추되지 아니하며, 동일한 범죄에 대하여 거듭 처벌받지 아니한다.

국민이 한 행위가 범죄인지 아닌지 판단하는 것은 행위를 한 시점의 법률이 말해준다는 것으로 행위를 했을 때는 범죄가 아니었는데 나중에야 범죄가 되는 경우는 없어요. 이런 것을 소급입법Retroactive Law금지의 원칙이라고 합니다. 법률이 만들어지기 전의 행위를 처벌하지는 않겠다고 하는 거죠. 또한 동일한 범죄에 대해서 거듭 처벌받지 않도록 하고 있습니다. 이를 이중처벌금지의 원칙이라고 합니다. 미국의 경우 미국 연방헌법 수정조항 제5조에서 "누구라도 동일한 범행으로 생명이나 신체에 대한 위험을 거듭 받지 아니하며"라고 하고 있습니다. 이는 이미 한 번 판결이 난 사건을 다시 판결하여 죄를 묻지 않는다는 겁니다.

일사부재리의 원칙 들어보셨을 겁니다. 모든 판결에는 일사부재리의 원칙이 적용됩니다. 예를 들어 돈을 갚지 않은 채무자를 상대로 소송을 제기해서 원고가 이겼다고 가정해볼게요. 원고 승소 판결이 난 이 사건은 다시 소송을 제기할 수 없습니다. 일사부재리의 원칙 때문이에요. 일사부재리의 원칙은 민사재판·행정재판·헌법재판에 모두 적용됩니다. 형사재판에 적용되는 일사부재리의 원칙을 가리켜 특별히 이중처벌금지의 원칙이라고 표현합니다.

다만 이중처벌금지의 원칙은 한 주권국가 안에서만 통합니다. 가령 미국에서 범죄를 저질러서 처벌받았으니까 우리나라에서는 처벌하지 않는 것이 아니라 대한민국의 주권이 있고, 미국의 주권이 있으니 각 나라의 법률대로 처벌하는 것이죠.

<제13조>

②모든 국민은 소급입법에 의하여 참정권의 제한을 받거나 재산권을 박탈당하지 아니한다.

앞의 제1항에서 말하는 소급입법금지는 신체의 자유와 관련된 것이라면 제2항에서는 참정권과 재산권에 관한 소급입법을 하지 못하게 한 조항입니다.

<제13조>

③모든 국민은 자기의 행위가 아닌 친족의 행위로 인하여 불이익한 처우를 받지 아니한다.

이른바 연좌제를 금지하는 조항입니다. 1987년 헌법 개정할 때 연좌제 금지 조항이 생겼습니다. 그 전까지만 해도 6.25 전쟁 때 할아버지·할머니가 부역을 했다는 이유로 빨갱이 취급을 받으면서 얼굴도 모르는 할아버지. 할머니의 죄까지 후손들이 두고두고 갚아야 했지요. 대학 입학에서 제한이 되고, 취직할 때는 면접시험에서 번번이 떨어지는 등 가족들에게 그 피해가 너무 막심했기 때문에 이러한 연좌제 금지 조항을 둔 겁니다.

우리나라 사람들은 체제에 순응을 잘하는 편입니다. 거리를 지나가다가 경찰관이 다가와서 신분증을 보여달라고 하면 바로 보여줘요. 이렇게 갑작스레 검문하는 것을 불심검문이라고 하는데, 이때 국민이 해야 할 정답은 따로 있어요. 바로 "왜요? 그 이유가 무엇인지 설명하세요."입니다.

서초경찰서 근처에서 제가 실제로 경험한 일입니다. 거리를 걸어가는데 경찰관 한 분이 다가와서 이렇게 말하는 겁니다.

"신분증 좀 보여주십시오."

이럴 때 중요한 건 '당황하지 않는 것'입니다. 당당하게 말했지요.

"왜요? 그 이유가 무엇인지 설명하세요."

"주변에서 범죄행위가 발생했으니 신분증을 검사해야겠습니다."

"그러니까 내가 내 신분증을 보여줘야 될 법률적 근거를 나한테 설명하세요. 경찰관에게는 설명할 의무가 있지요? 설명하세요."

그랬더니,

"선생님은 그냥 가시죠."

하더라고요.

"아니요. 못 갑니다. 지금 지나가는 나를 불러 세웠잖아요. 나를 이해시켜야죠."

그랬더니 역시나 설명을 못 해요.

"다른 사람들은 다 그렇게 하던데요."

그래서 제가 대신 설명했습니다.

"경찰관직무집행법 제3조 불심검문 조항에 1. 수상한 행동이나 그 밖의 주위 사정을 합리적으로 판단하여 볼 때 어떠한 죄를 범하였거나 범하려 하고 있다고 의심할 만한 상당한 이유가 있는 사람, 2.'이미 행하여진 범죄나 행하여지려고 하는 범죄행위에 관한 사실을 안다고 인정되는 사람'이라고 되어 있습니다. 이 가운데 제가 어디에 해당합니까. 죄를 범하였습니까? 범하려 한다고 의심할 만한 상당한 이유가 있습니까? 있다면 그 상당한 이유는 뭡니까?"

그러자 경찰관이 사과하더라고요. 그렇지만 이 일은 경찰관 한 사람의 간단한 사과로 끝날 수 있는 것만은 아니에요. 왜냐하면 공무원이 그 직무를 집행하면서 적법하지 않은 행위로 인해서 피해를 주었을 때 국민은 국가배상청구소송을 할 수 있기 때문입니다. 헌법 제27조는 "모든 국민은 헌법과 법률이 정한 법관에 의하여 법률에 의한 재판을 받을 권리를 가진다."고 하면서 재판청구권을 말하고 있거든요.

대부분의 대한민국 국민들은 경찰의 불심검문에 순순히 응합니다. 아무런 범죄를 저지르지도 않았고, 범죄행위를 했다고 의심받을 상황이 아님에도 불구하고 말이에요. 여태까지는 국민들이 자신의 권리가 무엇인지 잘 몰랐기 때문에 국가권력도 제멋대로 그 칼을 휘둘렀을지 모르지만 앞으로는 국민 모두가 정확하게 알아야 합니다. 대상이 아무리 어린아이라고 해도 인간의 신체를 우리 헌법이 얼마나 강력하게 보호하고 있는지 알아야 해요.

무죄를 선고 받았던 미란다는 어떻게 됐을까요.

훗날 그는 어느 술집에서 누군가에 의해 무참하게 살해돼요. 1976년 어느 날 포커게임을 끝내고 화장실에 들어갔다가 칼에 찔려 죽었다고 해요. 성폭행범이었던 미란다가 무죄를 판결 받았을 때 국민들이 이를 이해하기는 어려웠겠지요. 아무리 미란다 원칙을 고지받지 않았다고 해도 성폭행은 국민들의 공분을 시기 충분한 범죄였으니까요. 국민의 분노를 불러일으키는 이해할 수 없는 판결이어서는 안 된다는 걸 알 수 있는 부분이죠. 미란다 원칙을 말해주고 체포하여 법의 심판을 받게 했더라면, 국민의 분노도 없었을 것이고, 미란다가 살해되는 일도 없었을 테지요.

신체의 자유는 곧 인간의 자유입니다. 그러나 국가권력이든 국민이든 자신이 가진 권력이나 권리를 남용해서도 안 되고, 자신의 권력이나 권리의 한계를 정확하게 이해하고 그 안에서 적법하게 행동해야 하는 것입니다.

'mein eigener Raum'
나만의 영역

대한민국 헌법 <제16조>

───────────────◇───────────────

모든 국민은 주거의 자유를 침해받지 아니한다.

주거에 대한 압수나 수색을 할때에는 검사의 신청에 의하여

법관이 발부한 영장을 제시하여야 한다.

'mein eigener Raum' 나만의 영역

영화배우 줄리아 로버츠Julia Roberts와 덴젤 워싱턴Denzel Washington이 나온 영화 〈펠리칸 브리프〉 혹시 아시나요. 1994년 작품인데, 그때만 해도 두 배우 모두 무명이던 시절이었어요. 원작은 존 그리샴John Grisham이 썼습니다. 그는 법학을 공부했기 때문에 법적인 문제를 다룬 책을 여러 권 썼지요.

존 그리샴이 2014년에 구설에 오른 적이 있어요. 친한 친구가 아동 음란물 사이트에 접속한 행위로 3년의 실형을 선고받았는데, 이걸 가혹하다고 자신의 SNS에 올린 것이죠. 미국에서는 사이트 접속한 것만 가지고 3년 실형을 선고한 것입니다. 한국에서였으면 가혹하다는 말이 나올 수 있겠지만 미국은 그걸 가혹하다고 말한 것 자체가 구설에 오른 거죠.

존 그리샴의 원작을 배경으로 한 영화가 〈펠리칸 브리프〉입니다. 영화에서 대법관 누 넹이 의문의 죽음을 당하는 데 줄리아 로버츠가 연기한 법대생이 사건의 진실을 추적합니다. 그 대법관 두 명은 환경보호론자인데, 이때 대법원에 행정사건이 걸려 있었죠. 그걸 배경으로 삼은 영화인데 제목에 펠리칸이라는 새가 나오고, 그 뒤에 브리프Brief, 즉 문서가 나오죠. 여기서 브리프는 영어의 문서가 아니라 독일어로 편지를 뜻합니다. 영화의 비밀을 푸는 단서가 바로 편지 속에 들어 있는 비밀이었던 거죠.

독일 기본법 제10조에 바로 이 '브리프'라는 말이 나와요.

<독일 기본법 제10조>
편지 및 우편, 전신의 비밀은 불가침이다.

편지와 우편이 다르다는 것을 짐작할 수 있어요. 편지를 써놓고 부치지 않을 수도 있잖아요. 편지란 써놓은 사람이 어떻게 하든 보호받아야 하는 비밀이고, 우편은 전달할 때의 비밀이 보호받아야 한다는 뜻이에요. 그래서 편지의 비밀, 우편의 비밀, 전신의 비밀, 즉 사람과 사람 사이에 뭔가 소식을 주고받고 의사를 전달하는 수단에 대한 비밀을 불가침으로 보호하고 있다는 거예요. 지금이야 인터넷이나 전화가 일반적으로 쓰이는 통신수단이지만 당시는 그런 게 없었지요. 그럼에도 불구하고 사람과 사람이 의사소통하면서 주고 받는 모든 수단을 법으로 보호하겠다고 말하고 있는 거예요.

우리 인간의 삶에는 나만의 영역이란 게 있어요. 이것은 다른 사람이 관심 가질 필요가 없습니다. 누구의 눈으로 들여다보거나 듣거나 할 필요 없이 나만이 간직한 세계가 있다는 거예요. 이 세계가 개인에게 안정적으로 확보될 때 인간의 삶은 평화로워지는 거예요. 반대로 누군가 내 삶을 엿보고 있다는 것만으로도 굉장히 불편해지는 거죠. 그래서 어느 나라 헌법이든지 개인의 삶의 영역을 보호해주는 거예요. 우리 식으로 표현한다면 특별히 다른 기본권보다 더 강력하게 사생활 영역을 보호하겠다는 거예요.

<독일헌법 제10조>

②법률을 근거로 해서만 제한할 수 있다.

법률은 국회에서만 만들어요. 국회에서 만들어진 법률로써만 제1항의 개인생활 영역을 제한할 수 있다고 하는 것이죠.

우리 헌법에서는 제16조, 제17조, 제18조 이 세 개 조문에서 사생활 영역을 보호하고 있습니다. 이 대표적인 사생활 영역으로는 앞에서 설명한 편지·우편·전신의 비밀이 있고, 개인적인 공간이라고 법에서 규정하여 보호하고 있는 주거가 있습니다.

<제16조>

모든 국민은 주거의 자유를 침해받지 아니한다. 주거에 대한 압수나 수색을 할 때에는 검사의 신청에 의하여 법관이 발부한 영장을 제시하여야 한다.

<제17조>

모든 국민은 사생활의 비밀과 자유를 침해받지 아니한다.

<제18조>

모든 국민은 통신의 비밀을 침해받지 아니한다.

"침해받지 아니한다."는 표현이 제16조, 제17조, 제18조에 연이어서 나오지요. 다른 조문에서는 볼 수 없는 표현입니다. 앞에서 살펴본 독일 헌법 제10조 제1항에 "불가침이다."라고 하고 있잖아요. 우리는 이를 "침해받지 아니한다."라고 표현한 거예요. 독일헌법에서 그 표현을 빌려온 것이지요.

제16조에서 말하는 주거는 말 그대로 나만의 삶을 보호해주는 공간이에요. 그래서 이 주거에는 아무나 들어가서는 안 됩니다. 외국에서는 아무리 친한 친구여도 반드시 집을 방문하려면 사전에 허락을 구해야 합니다. 우리 헌법에서도 한 인간이 살고 있는 주거는 신성한 곳이라고 보는 거예요.

주거는 한 인간의 신성한 곳이라는 생각이 언제부터 시작됐을까요. 로마시대예요. 로마시대부터 시작된 주거의 신성 사상이 지금까지 이어져 오고 있는 겁니다. 벌써 2,000년이 넘는 역사인 것이죠.

주인이 동의하지 않는 한 들어가지 말라는 것이고, 이를 확실하게 보호하기 위해서 형법에서도 규정을 해놓았습니다. 따라서 남의 주거에 주인 허락 없이 들어가면 그 행위만으로 형법에서는 주거침입죄로 처벌해요.

저녁에 들어갔다면 가중처벌돼서 야간주거침입죄가, 만약 야간에 주거를 침입한 것으로 모자라서 주인의 허락 없이 물건을 가져간다면 그건 야간 주거침입죄와 절도죄로 처벌받습니다. 주거에 대해 법률에서 철저하게 보호해주는 거예요.

그런데 한 인간의 사생활 영역을 자세히 들여다 보고 싶어하는 존재가 있어요. 바로 국가이고, 국가권력이에요. 국가권력은 개인의 삶 속으로 파고 들어가려고 합니다. 국민과 가장 가까이에 있지만 호시탐탐 개인의 삶의 자유와 기본권이 침해될 여지를 엿보는 게 국가권력입니다.

헌법 제16조는 주거의 자유를 규정하기 위해 두 개의 문장을 두었습니

나는 날마다 헌법을 만난다

다. 주거에 대한 입수니 수색을 할 때에는 검사의 신청에 의하여 하라는 것입니다. 이때 주의해야 할 용어 중 하나가 신청입니다. 형사소송법에서는 신청이 아닌 청구라고 표현하고 있거든요. 헌법에서는 신청이라고 개정했는데, 정작 형사소송법에서 용어를 바꾸지 않은 것이죠.

이런 절차에 의해서 검사가 신청하면 법관이 영장을 발부합니다. 그러면 발부받은 영장을 들고 가서 수사기관이 제시하는 겁니다. 이렇게 영장을 제시하는 행위를 영장을 집행한다고 말합니다. 국가가 권력을 집행하기 위해서는 이러한 절차를 반드시 지키도록 요구하는 것이고, 지키지 않을 경우는 그에 맞는 책임을 물게 돼 있어요. 만약 수사관이 영장없이 개인의 주거에 들어갈 경우에는 앞에서 이야기한 형법상 주거침입죄로 처벌받을 뿐 아니라 국가배상책임까지 물어요. 이게 주거의 자유입니다.

순서대로라면 제16조를 설명한 다음 제17조를 살펴봐야겠지만 제17조가 더 큰 개념이기 때문에 제18조를 먼저 살펴볼게요.

<제18조>
모든 국민은 통신의 비밀을 침해받지 아니한다.

사람과 사람의 대화는, 그것이 구두든 글이든 혹은 어떤 기호나 그림이든 원칙적으로 국가나 타인이 개입하면 안 된다는 겁니다. 개입하면 형사범죄가 되는 것이고, 이때 개입한 이가 공무원인 경우는 앞에서 살펴본 주거침입처럼 국가배상책임도 지게 된다는 것이죠. 통신의 비밀에 대해서도 이렇게 철저하게 보호하고 있습니다.

　이제 앞에서 설명한 제16조와 제18조를 아우르는 상위개념으로 제17조가 이야기합니다.

<제17조>
모든 국민은 사생활의 비밀과 자유를 침해받지 아니한다.

　비밀은 내 것을 보여주지 않아도 된다는 것이고, 자유는 내 것을 침해받지 않아야 한다는 것입니다. 즉 이 조항은 방어의 개념을 띠고 있는 것이죠. 헌법에 규정된 인권 가운데 자유라는 용어가 붙어 있을 경우, 이를 일컬어 방어권이라고 해요. 타인에 대한 방어, 그 가운데에서도 특히 국가권력에 대한 방어를 말하는 거죠. 그래서 헌법학자들은 '자유권이란 곧 국민의 국가권력에 대한 방어권이다.' 와 같은 표현을 씁니다.

　이렇게 헌법에서 강력하게 국민의 사생활의 비밀과 자유를 보호하고 있지만 인간의 기술은 날이 갈수록 발전해가고 있어요. 스파이가 필요하던 제1차 세계대전, 제2차 세계대전이 끝났는데도 개인의 삶을 들여다보려고 여기저기서 시시때때로 개인을 엿본단 말이에요. 개인이 누려야 할 사생활의 비밀과 자유를 침해하려는 시도는 국가권력뿐 아니라 개인이 개인을, 기관이 개인을, 국가가 개인을 엿보는 식으로 다양한 방면에서 들어오는 겁니다.

한 번은 커피숍에 가서 앉아 있는데 문자가 왔어요.

'교육감님 커피 맛있지요. 맛있게 드세요.'

'어떻게 아셨어요?'

했더니,

'제 지인이 사진 찍어서 보내줬어요.'

하더군요.

정말 깜짝 놀랐습니다. 누군가 나와 대화하면서 녹취를 하고 있다고 가정해보세요. 그런 상황에서 아무것도 모르고 다른 이를 욕하면 어떻게 되겠어요.

손해배상소송 들어가겠지요.

미국에 루이스 브랜다이스Louis Brandeis라는 매우 유명한 대법관이 있어요. 그가 지금으로부터 88년 전인 1928년에 처음으로 프라이버시권Right of Privacy이란 용어를 썼습니다. 그는 이 프라이버시권을 혼자 있을 수 있는 권리라고 했어요. 아주 중요한 개념이죠. 혼자 있을 수 있다는 것은 개인이 혼자서 그 시간과 공간을 누릴 수 있다는 뜻이에요. 그러므로 그러한 자유를 누군가가 침해해서는 안 되는 거죠.

그때만 하더라도 지금처럼 전자기술이 발달하지 않았어요. 당시 프라이버시권을 아주 조용한 권리로 봤습니다. 혼자 있을 수 있는 정도면 충분하다고 본 거죠. 그러다가 1980년에 경제협력개발기구OECD에서 프라이버시권 가이드라인을 써요. 8개의 원칙을 말하는데, 첫째가 '수집 제한의 원칙'이었습니다. 개인의 정보를 수집하는 데 있어 제한을 두어야 한다는 뜻이죠.

이 수집 제한의 원칙 뒷부분에 "정보 주체가 인지하거나 동의해서"라는 표현이 있습니다. 그냥 수집해서는 안 되고 정보의 주체가 인지하고 있어야 하고, 동의해야 한다는 것이죠.

전라북도 교육감이 되고 2년차 됐을 때인데, 한 번은 직원이 들고 온 결재 서류에 이름·휴대전화번호, 주민등록번호가 다 공개돼 있는 겁니다.

"왜 공문에 주민등록번호를 써놨습니까?"

물어보니까 직원이 대답하기를,

"원래부터 그래왔습니다."

라고 하더라고요.

"그렇게 하는 이유가 있지 않겠습니까. 그 이유를 설명해주세요. 내가 이해할 수 있도록."

물론 그렇게 하는 데에 타당하거나 납득할 만한 이유는 없었습니다. 그래서 월요일 아침마다 하는 전북교육청 확대간부회의에서 정확한 목적이 존재하지 않는 한 주민등록번호를 공문서에 적지 말라고 했어요. 꼭 필요한 경우에도 앞 번호는 적되, 뒷부분은 일부분만 표시하도록 말이에요.

임기 초임 때부터 강력하게 이야기했던 것 중 하나가 부착형 명찰이에요. 이름은 개인의 가장 중요한 정보 중 하나인데, 그걸 학생들이 원하든 원하지 않든 명찰에 적어 붙이고 다니도록 하는 거예요. 지금은 많이 개선되긴 했는데 아직도 갈 길이 멀어요. 그뿐일까요. 예전에는 너무나 당연하게 1번부터 60번까지 학급의 모든 학생들 점수와 석차를 공개해서 교실에 붙여놓기도 했죠. OECD 프라이버시권 가이드라인 첫째 원칙인 수집제한의 원칙 뒷부분에 분명히 '정보주체가 인지하거나 정보주체의 동의를 얻어서'라는 표현이 나음에도 불구하고 말이에요. 그런데 간혹 이렇게 말하는 이들도 있어요. 학생들이 원해요. 학생들이 자율적으로 정했어요. 그러나 헌법에서 보장하고 있는 인권은 그 주체가 맘대로 포기하거나 처분할 수 있는 게 아닙니다. 신체의 자유를 헌법 제12조, 제13조가 보장하고 있는데 '나는 신체의 자유를 포기하고 경찰관들에게 영장 없이도 잡혀가고 싶어요.' 이런 게 가능하겠습니까.

안 돼요. 왜냐하면 헌법에서는 개인이 자각하지 않아도 자신이 가지고 있는 인권을 이중삼중으로 여러 가지 조문을 두어서 철저하게 보장하고 있기 때문이에요. 그래서 학생들이 자율적으로 부착형 명찰을 하기로 결정했다고 하더라도 소용없습니다. 인권은 인권의 주체라고 하더라도 함부로 할 수 없는 거니까요.

루이스 브랜다이스 대법관이 프라이버시권은 혼자 있을 수 있는 권리라고 해석하던 그 시대만 하더라도 인간의 삶은 비교적 평화로웠어요. 그러다가 1960년대에 들어가자 국가권력이 내 정보를 자꾸만 이것저것 들춰보려고 하는 거예요. 더는 평화로운 프라이버시권 정도로 개인의 삶을 지킬 수 없는 거죠. 그래서 1960년에 들어와서 미국

루이스 대법관

에서 프라이버시권의 의미를 더 확장해서 해석하게 됩니다. 좀 더 적극적으로 해석하게 된 거예요. 나에 관한 권한 정보의 흐름을 통제할 수 있는 권리, 내 개인정보를 내가 통제한다는 뜻으로 간단히 줄여 개인정보통제권이라고 합니다.

생각해본 적 있을지 모르겠습니다.

우리나라에서는 주민등록번호 하나만 알면 많은 것들을 쉽게 알 수 있어요. 어디에 살고 있는지, 성별은 무엇인지, 이름이 무엇인지 금방 알 수 있잖아요. 거기다가 지문까지도 알 수 있어요. 우리나라에서는 지문 강제날인을 하잖아요. 이런 나라는 세계에서 찾아보기 힘들어요. 국가가 너무 많은 개인의 정보를 틀어쥐고 있는 거예요.

그러나 개인이 가지고 있는 권리도 만만치 않습니다. 예를 들어서 장수교육청에 가서 "나에 관한 개인정보를 보고 싶습니다."라고 요청한다면 이건 개인정보 열람 청구권이라고 해요. 기관에서는 거절해서는 안 됩니다. 그런데 확인해보니 틀린 내용이 있는 거예요. 고쳐달라는 요청도 가능해요. 이때는 정정 청구권이 필요한 겁니다. "내 개인정보에서 이 부분은 삭제하고 싶습니다." 한다면 그건 삭제 청구권입니다. 학력 사항에 빠진 부분이 있는데 추가해서 기재하고 싶다면 추가 청구권이 되는 거죠. 개인정보는 항상 최신의 것으로 수집하고 보유해야 한다는 것을 기억해야 합니다. 그렇지 않으면 오히려 오래된 개인정보에 의해 개인이 피해를 입을 수 있으니까요.

조금 전에 얘기했던 루이스 브랜다이스 대법관이 프라이버시권을 말할 때만 해도 상상할 수 없었던 내용들이 1960년대에 들어오면서 개인정보 통제권으로 발전해간 것이고, 이 모든 걸 묶어서 프라이버시권이라고 하는 거예요. 이것이 OECD, 그리고 영어권의 나라들에서 쓰고 있는 사생활 영역 보호에 관한 권리의 표현이에요. 이 표현이 나라에 따라서 다르긴 합니다. 독일 헌법학자나 연방헌법재판관들은 프라이버시권이라는 용어를 쓰지 않아요.

독일에서는 인격의 자유로운 발현권 또는 일반적 행동 자유권이라고 표현합니다. 독일은 제1조에서 규정하고 있는 인간의 존엄과 제2조에서 규정하고 있는 일반적 행동자유권을 묶어서 개인정보자기결정권이라고 합니다. 내 동의가 없으면 원칙적으로 내 정보를 공개하지 않는다. 내 정보를 가져갔을 땐 정확히 알려야 한다. 나에 관한 정보를 보유할 때는 항상 최신의 것으로 보유를 해야 한다. 와 같은 내용들을 규정하고 있는 것이죠.

1983년 12월 15일은 독일 헌법 역사에서 개인정보에 관한 아주 중요한 전환점이 되는 날이에요. 한국에서도 가끔 가구조사하지요. 1983년 12월 15일 이 사건에서도 문제됐던 것이 바로 우리말로 하면 인구조사법입니다. 이때 연방헌법재판소가 유명한 말을 했어요. 아주 짧지만 강력한 문장입니다.

"**Es gibt keine belanglose Daten**(사소한 정보는 없다)."

우리나라에도 개인정보보호법이 있습니다. 그 개인정보보호법은 1980
년 OECD 개인정보 가이드라인을 기초로 하고 있어요. 1980년 OECD에
서 발표하면서 미국에서도 프라이버시법이 나와요. 인터넷의 발달로 개인
정보침해가 심해지면서 이 프라이버시법은 프라이버시 보호와 컴퓨터 연
결법으로 발전합니다. 컴퓨터 연결이란 공공기관 간에 개인정보 주고받는
일을 원칙적으로 하지 말라는 거예요. 예를 들면 교육부가 갖고 있는 학생
의 개인 정보를 다른 기관에 넘겨서는 안 된다고 하는 것이죠. 이 법이 우
리나라에 와서는 개인정보보호법이 된 것이죠.

실제로 법률전문가가 아닌 여러분이 개인정보보호법 조항을 보더라도
'다른 사람의 개인정보를 건드리면 큰일 나겠구나' 싶은 것들이 아주 많아
요. 그러니까 전라북도교육청에서는 교육부에서 교사들에 관해 신상정보
를 정리해서 보내라고 요구해도 보내지 않는 게 종종 있어요. 교사의 개인
정보를 여러 기관이 공유해서는 안 되는 거니까요.
우리나라 사람들은 개인정보에 대해 무척 소홀하게 생각해요. 교사들도
알려고 하면 얼마든지 알 수 있는데 군이 휴대전화 번호를 안 가르쳐줄 필
요가 있을까 생각한단 말이에요. 그런데 그래서는 안 된단 말이에요. 사소
한 정보는 없으니까요.
우리 헌법은 제16조, 제17조, 제18조 이 세 개의 조문을 통해서 개인의

사생활 영역을 보호하는 거예요. 지금까지 살펴본 것처럼 개인의 사생활 영역은 원칙적으로 국가권력이 개입해 들어가지 못하도록 헌법에서 아주 강력하게 방어하고 있다는 것을 알 수 있는 거죠.

그런데 헌법상 보호받을 만한 사생활 영역이 없다고 볼 수 있는 사람도 있어요. 그 사람이 가지는 공적인 성격이 강할수록 개인정보의 보호 범위는 축소돼요. 거의 제로에 가까울 정도로 축소되죠. 공적인 성격이 가장 강한 우리 사회의 개인이 누구일까요.

일본의 아베 총리는 잠자는 시간을 빼고는 시시각각 어디서 무엇을 하고 누구와 있었는지가 다 드러나요. 개인정보를 보호하듯이 국가가 가지는 정보도 보호되어야 하지요. 이때 국가가 가지는 정보를 행정정보라고 합니다. 아베 총리는 개인이지만 개인정보의 차원이 아니라 행정정보의 차원에서 분 단위로 공개를 요청해올 경우 이에 관련된 내용을 모두 제출해야 합니다. 아베 총리는 개인이지만 평범한 개인이 아닌 공적인 영역을 매우 강하게 가지고 있는 공적인 인간이기 때문이에요. 그러니까 매우 예외적으로 신분을 불문하고 똑같이 강하게 보호받는다고 봐서는 안 되는 거죠.

말할 수 있는 자유,
표현할 수 있는 자유

Pacta Sunt Servanda

대한민국 헌법 <제21조>

①모든 국민은 언론·출판의 자유와

집회·결사의 자유를 가진다.

②언론·출판에 대한 허가나 검열과

집회·결사에 대한 허가는인정되지 아니한다.

말할 수 있는 자유, 표현할 수 있는 자유

저는 평생을 헌법학자로 살아왔어요. 헌법학자로서 국민을 볼 때 마음이 아팠던 적이 많았어요. 왜냐하면, 저에게는 들리는 헌법의 소리가 정작 꼭 알아야 하는 국민에게는 안 들리니까요. 국민이 힘과 권력을 누리는 이들에게 자신의 권리를 뺏기면서도 빼앗긴 줄 모른다는 게 너무나 안타까웠어요. 부안여고에 찾아온 것도 그래서예요. 우리의 미래인 학생들에게 헌법의 목소리를 들려주기 위해서. 우리 헌법 맨 앞에 전문이 있어요. 그리고 그 아래에 130개의 조문들이 있고, 부칙이 6개가 있어요. 문장마다 들려주고 싶은 이야기를 귀 기울여 들어야 해요. 헌법 본문은 무려 130개나 되지만 상대적으로 그 여백이 아주 넓어요. 해석할 여지를 남겨둔 것이에요. 우리가 오늘 함께 살펴볼 것은 자유예요. 인간의 존엄과 더불어 우리 헌법이 천명하고 있는 또 하나의 소중한 가치인 것이죠. 오늘은 '표현의 자유'에 대해서 이야기할게요. 2016년 전주에서 장애청년음악단이 공연을 했어요. 장애청년들과 비장애청년들이 함께 공연을 한 거예요. 그중엔 플루트 부는 사람도 있고, 바이올리니스트도 있고, 여러 악기 연주자가 있었어요. 우리가 공연장에 들어가면, 공연을 관람하는 사람이 지켜야 될 첫 번째 예의는 소음을 내지 않는 것이지요? 그 공연장에서 여러 차례 소음이 났어요. "아, 아, 아, 어" 이런 소음이. 누가 냈을까요? 객석에 있는 장애아들이 낸 거예요. 사실 저는 공연장의 다른 관객들이 이런 소리를 내는 장애아들을 비난할까 봐 긴장했어요. 그런데 공연장에 참석한 수많은 비장애 관객들이 그 소음을 다 이해해주더라고요. 그 소음은 장애아들이 공연을 보고 내는 표현이었던 거죠. 그 아이들의 소리였던 거예요. 내가 잘 아는 소리만이 아름다운 것이고 가치 있는 것이라고 보는 게 아니라 그 엇박자 같은 표현까지도 원칙적으로 배제되거나 금지되어선 안 된다는 걸 그날 공연장에 와 있던 시민들이 먼저 보여준 거죠. 우리나라 헌법은 모든 인간의 자기표현을 존중하고 있어요. 이 자기표현을 여러 가지로 설명할 수 있습니다. 보통 자기표현은 말로 해요. 글로도 하고 형상으로도 해요. 그리고 영상을 통해서도 해요. 헌법 조문을 통해 자세하게 살펴볼게요.

<제21조>

①모든 국민은 언론·출판의 자유와 집회·결사의 자유를 가진다.

이 조항에서 말하는 자유권은 언론의 자유, 출판의 자유, 집회의 자유,

결사의 자유를 다 합해서 총 네 개가 있어요. 앞에 있는 언론·출판·집회의 자유를 하나로 묶어서 표현의 자유라고 해요.

<제21조>
②언론·출판에 대한 허가나 검열과 집회·결사에 대한 허가는 인정되지 아니한다.

허가와 검열이라는 용어에는 사전적 허가, 사전적 검열의 뜻이 포함돼 있어요. 여기서 허가는 사전적 개념이지만 이를 오해해서 집회·결사를 사전에 허가받아야 한다고 생각하면 안 돼요. 예를 들어 부안여고 학생들이 정부의 어떤 교육정책 발표에 대해 도저히 인정할 수 없다는 의사를 표현하고 싶단 말이에요. 그래서 부안 수협 앞 광장에 가서 집회를 하겠다고 한다면 반드시 허가를 받아야 한단 말이에요. 그런데 오늘 헌법의 이야기를 들은 똑똑한 우리 부안여고 학생들은 이렇게 말하겠지요. "허가라니요, 헌법 제21조 제2항이 집회에 대한 허가를 금지하고 있습니다." 맞는 말이에요. 집회나 결사는 사전에 허가 받고 하는 일이 아니니까요.

<제21조>
③통신·방송의 시설기준과 신문의 기능을 보장하기 위하여 필요한 사항은 법률로 정한다.

여기서 알아두어야 할 것은 법률은 국회만 제정할 수 있고, 다른 기관에서는 법률을 만들 수가 없다는 거예요.

> **<제21조>**
> ④언론·출판은 타인의 명예나 권리 또는 공중도덕이나 사회윤리를 침해하여서
> 는 아니된다.

앞에 있는 타인의 명예나 권리는 개인적인 거죠. 언론·출판의 자유를 최
대한 보장하되 넘어서는 안 될 선이 있다는 것을 말하는데 이 선이 바로
타인의 명예나 권리예요. 즉 인간이라면 누구나 갖는 인격권을 침해해서
는 안 된다고 선을 그어놓은 것이죠. 언론·출판은 타인의 명예나 권리 또
는 공중도덕이나 사회윤리를 침해하지 말라는 거예요.

> **<제21조>**
> ④언론·출판이 타인의 명예나 권리를 침해한 때에는 피해자는 이에 대한 피해
> 의 배상을 청구할 수 있다.

이걸 가리켜 언론피해배상청구권이라고 해요. 그런데 우리 헌법 제21조
의 표현의 자유에 대한 조문은 솔직히 매끄러운 문장이라고 보기가 어려
워요. 다른 나라 헌법이 말하는 표현의 자유 조항과 비교를 해볼게요. 독
일 헌법 제5조 제1항은 "누구나 말, 글 그리고 형상으로 자신의 의사를 자
유롭게 표현하고 전파하며, 일반적으로 접근할 수 있는 정보원으로부터

———————— 출판된 책들

방해받지 않고 정보를 취득할 권리를 가진다. 언론의 자유와 방송과 필름을 통한 보도의 자유는 보장된다. 검열은 허용되지 않는다."라고 규정하고 있어요. 굉장히 깔끔하지요. 미국 헌법도 살펴볼게요. 미국 헌법은 연방헌법과 주헌법이 있어요. 미국의 주는 50개입니다. 이 헌법이 만들어진 것이 1787년인데 당시 연방헌법에는 인권이라고 말할 수 있는 게 하나도 없었어요. 이들에게 인권은 당연한 것이었거든요. 그렇지만 현실에서 자꾸 인권이 침해당하는 사례가 나와요. 그래서 4년 후 1791년 처음으로 미국 연방헌법에 인권이 등장하게 돼요. 여기서 말하는 인권은 의사표현의 자유, 언론의 자유, 집회의 자유였어요. 1919년의 일이에요. 우리나라에서는 1919년에 3·1운동이 있었고, 중국에선 5·4운동이 있었고, 독일에선 바이마르 헌법이 제정되던 바로 그 해, 1919년에 미국 연방대법원에서 표현의 자유와 관련해서 누구도 지울 수 없는 문장이 나타나요. 이른바 'Schenck v. United States' 판결입니다. 'Schenck'란, 원고와 미국이란 피고가 싸웠는데 이때 홈즈**Holmes, Oliver Wendell** 대법관이 이렇게 말해요.

어떤 표현에 대해서 금지를 시키려면 그 표현이 공공의 이익에 실제적 해악을 끼친 명백하고 현존하는 위험이 있어야 한다.
"Clear and Present Danger"

명백하고 현존하는 위험의 원칙이란 공공의 이익에 대한 실제적 해악이 발생할 위험성이 명백하고 현존할 때 그런 표현을 금지시킬 수 있다는 뜻이에요. 이 사건에서 피고인은 유죄판결을 받았어요. 누군가의 인권을 제한하는 데 원칙에 따르라는 거예요. 지금은 명백하고 현존하는 위험의 원칙보다 더 강화가 돼서 폭동·선동이 임박할 것으로 바뀌었어요. 임박한 위험이 존재할 때, 폭동이 발생한 경우에만 제한할 수 있어요. 미국과 독일의 헌법에서 표현의 자유를 어떻게 규정하고 있는지 이해할 수 있겠지요. 이제 우리 헌법을 다시 살펴볼게요.

여러분, 의사를 표현할 자유가 있어도 표현하기 위해서는 일단 무언가를 알고 있어야겠지요. 예를 들어서 김승환 교육감에 대해서 뭔가 말하고 싶다면 김승환 교육감에 대해서 알아야 하죠. 쉽게 설명해볼게요. 제가 곧 재판을 받으러 가야 돼요. 그런데 이 문제에 대해 한 학생이 선생님께 여쭤볼 수도 있는 것이고, 도교육청에 김승환 교육감이 재판받으러 가는 이유를 정보공개해주세요, 라고 요청할 수도 있어요. 이런 걸 바로 알권리라고 해요. 즉 알권리는 의사표현을 할 때 없으면 안 되는 거예요. 이때 정보공개청구권은 모든 국민이 가지고 있는 거예요. 이와 관련된 기본권이 몇 개 더 있어요. 일반적으로 접근할 수 있는 정보원을 취득할 수 있는 권리예요. 일반적으로 접근할 수 있다는 건 누구나 접근할 수 있다는 뜻이에요. 이걸 가리켜 정보접근권이라고 해요. 정보를 취득하기 위해서 정보공개청구를 하는 거예요. 그러면 그걸 읽어보면서 정보를 알게 되고, 그다음 내 의사를 표현하는 거예요. 하지만 개인이 원하는 정보에 모두 접근하기란 매우 어려운 일이에요. 그래서 우리를 위해 대신 정보를 찾아다 줄 어떤 집단이 필요하던 말이에요. 즉 언론이에요. 언론이라 하면 신문·방송·통신 등 매스미디어를 말해요. 흔히들 말하죠. "펜은 칼보다 강하다." 이때 펜은 언론을 말해요. 이때 중요한 것은 바로 언론의 자유지요. 헌법이 보장한 언론의 자유에서 중요한 건 아주 기본적으로는 정확한 사실전달이에요. 몇 월 며칠 몇 시 어디에서 무슨 일이 발생했다 밝히는 거예요. 그런데 이때 사실의 크기보다 더 좁혀서 사실을 전달하면 안 되겠죠. 이걸 일컬어 사실의 축소, 반대로 크게 벌리면 이걸 사실의 확대라고 하죠. 만약 사실을 뒤튼다면 사실의 왜곡, 없는 걸 갖다 붙인다면 허위사실이라고 해요. 방금 얘기한 사실의 축소, 사실의 왜곡, 허위사실, 이것이 가장 집중적으로 일어났던 사건이 2014년에 있었어요. 바로 세월호 참사예요. 어떤 기자는 숲을 보도하고 어떤 기자는 나무를 보도했어요. 자, 그렇게 되면 사실 보도에 충실했죠. 그런데 뭘 놓쳤을까요. 국민이 궁금해하고 있는 진실을 놓친 거예요. 부안여고 학교 숲에 대해 제대로 알리면 숲과 동시에 나무를, 나무와 동시에 숲을 보도록 해줘야 해요. 그래야 부안여고 학교 숲의 진실을 알 수 있는 거예요. 언론이 사실을 보도할 때도 항상 그렇게 해야 되는 거예요. 낱낱이 'fact'를 전달하는 동시에 전체를 볼 수 있는 팩트도 전달해야 돼요. 그래야 언론의 보도가 진실할 수 있는 거예요. 언론이 사실만을 단순하게 보도하는 것이 아니라 진실을 발견하기 위해 노력해야 한다는 것을 알 수 있는 것이에요. 또한 언론은 일반 국민들이 알 수 없는 사실의 평가 역할도 해줘야 돼요. 이 사건은 이러이러하다, 라는 평가를 하는 것이에요. 이런 역할들을 언론이 잘 해줘야 국민의 알 권리가 충족될 수 있는 것이죠. 언론이 지니는 보도의 자유와 국민의 알권리는 굉장히 밀접한 관계가 있어요. 언론 보도의 자유가 위축이 되면 국민의 알권리도 같이 위축될 수 밖에 없어요. 보도를 하려면 기자는 취재를 하는데 이걸 가리켜 취재의 자유라고 해요. 취재한 것을 가지고 방송기자는 방송국에, 신문기자는 신문사에 가지고 가서 데스크로 가져가요. 이때 편집을 담당하는 데스크는 굉장히 중요한 거죠. 방송사의 경우는 편성의 자유라고 하고 신문사의 경우는 편집의 자유라고 해요. 신문은 편집국이라고 하고 방송국은 편성국이라고 하잖아요. 이때 편성의 자유와 편집의 자유가 행사되지 못하면 취재의 자유가 위축되겠죠. 실컷 취재해서 갖다 놨더니 거기서 또 비틀거나 중요한 건 뺀다면 어떻게 될까요. 그런데 기자들은 그냥 취재를 하는 게 아니라 정보를 가지고 있는 사람에게서 정보를 얻을 때도 있어요. 이때 기자는 정보원에 대해서 어떠한 경우에도 말하면 안 되겠지요. 이걸 바로 취재의 비밀이라고 해요. 묵비권은 많이 들어봤을 거예요. 기자들이 자신에게 정보를 제공한 취재원의 비밀을 끝까지 지키는 권리, 이건 취재원 비닉권이라고 해요. 감추는 것을 비닉이라고 하거든요. 무엇을 감출까요. 취재원이겠죠. 그래서 이를 가리켜 취재원 비닉권이라고 해요. 이 권리를 일본이나 미국은 보장하지 않고 대한민국도 물론 보장하지 않아요. 그런데 이걸 보장하는 나라가 있어요. 독일이에요. 독일 연방헌법재판소는 이렇게 말해요.

기자의 취재원 비닉권은 취재의 자유의 본질적 내용이다.

선깅힌 민주주의 국기는 국민이 의사표현을 작해요. 말과 글과 형상, 영상 등을 이용해서요. 국민이 자유롭게 자신의 의사를 표현하는 것에 대해서 절대로 국가가 함부로 사전에 억제하는 일을 해서는 안 돼요. 아직 발표도 하기 전의 작품을 대상으로 "너, 그거 내지 마."라고 한다면 이걸 사전 억제라고 하는 거예요. 반대로 사후 억제는 이것이 공공의 이익을 침해했냐, 국가의 이익을 침해했냐 이런 걸 물어요. '청소년의 보호를 위해서 필요한'이라는 단서도 붙이죠. 이러한 의사표현의 자유, 알권리, 정보취득권, 취재의 자유, 보도의 자유 등을 잘 보호해야만 우리 헌법이 말하는 제1조 제1항 "대한민국은 민주공화국이다."는 표현이 힘을 얻게 되는 거예요. 표현의 자유가 얼마나 중요한지 알 수 있죠. 여러분이 어른이 되는 세상은 지금보다 훨씬 더 의사표현을 자유롭게 할 수 있는 세상일 거예요. 그러기 위해서는 지금부터라도 헌법이 내는 목소리를 주권자의 한 사람으로서 주의 깊게 들어야 하고요.

집회의 자유

Pacta Sunt Servanda

집회 및 시위에 관한 법률 (약칭: 집시법) 제15조

학문, 예술, 체육, 종교, 의식, 친목, 오락,

관혼상제 및 국경행사에 관한 집회에는

제6조부터 제12조까지의 규정을

적용하지 아니한다.

집회의 자유

1948년 12월 1일 프랑스 파리에서 열린 유엔 총회에서 세계인권선언을 발표합니다.

<세계인권선언 제1조>
모든 인간은 태어나면서부터 자유롭고 존엄성과 권리에서 평등하다.

이 자리에 계시는 모든 분이 자유로운 존재로 태어났고, 내가 가진 존엄성과 권리를 국가가 차별할 수 없다는 것입니다. 한 인간이 천하보다 귀한 것 그래서예요. 내가 가진 나의 존엄은 그 누구도 훼손할 수 없는 것이고, 그것을 지켜가는 것이 내 삶이라는 것을 선포하는 것이기 때문이에요. 그렇지만 이렇게 세계가 한 목소리로 인간의 존엄을 이야기해도 이를 방해하고 피괴히러는 세력 뚜한 함께 존재합니다. 가장 대표적인 힘이 바로 국가권력이에요. 국가권력이 선한 의지를 가지고 어떻게 하면 한 인간이라도 더 보호할 수 있을까, 고민한다면 좋겠지만 실제 우리 사회는 그렇지 않습니다. 지금을 일컬어 전자감시사회라고 합니다. 대한민국은 전자감시가 가장 심한 나라 가운데 하나죠. 혹시 다른 나라에 여행할 기회가 있으면 주의 깊게 살펴보세요. 우리나라 빼고는 호텔 내에 CCTV를 설치해놓고 여행객들의 일거수일투족을 살펴볼 수 있는 나라는 거의 없습니다. 왜냐하면 외국에서는 자신의 얼굴을 동의없이 촬영하는 것조차 안 되기 때문이에요. 만약 소송을 하게 되면 호텔 측이 지게 돼 있어요. 그건 명백하게 초상권 침해니까요. 얼마 전 부안여고에서 학생, 교직원, 학부모님과 같이 표현의 자유에 대해 이야기했어요. 헌법이 보장하고 있는 표현의 자유는 '말할 수 있는 자유', '언론의 자유', '집회의 자유' 세 가지입니다. 인간은 뭔가 말을 하고 싶어해요. 뭔가 말할 수 있는 자유라고 말했지만, 꼭 말로만 하는 건 아니에요. 글로도 하고, 영상으로도 하고, 사진으로도 할 수 있어요. 독일의 헌법학자들은 이걸 가리켜 의사표현의 자유는 '입의 자유다.'라고 표현합니다.

<제21조>
①모든 국민은 언론·출판의 자유와 집회·결사의 자유를 가진다.

국민은 헌법 제21조에서 말하는 자유를 자신들과 직접적인 관계가 없다고 생각하기 쉽지만 그렇지 않아요. 헌법 제21조는 우리 생활과 밀접하게 관련이 있을 뿐 아니라 민주주의 발전과도 직접적인 관련이 있습니다. 의사표현의 자유는 개인 혼자서도 얼마든지 행사할 수 있는 것이지만 인간은 하나보다는 여럿이 뭉칠 때 더 큰 목소리를 내게 마련이지요. 그래서 집단을 만들려 하고, 단체에서 함께 목소리를 내고 싶어합니다. 집회와 시위는 일단 개념 차이가 있습니다. 집회는 사람들이 모여 있는 것을 말하고, 시위는 집회하는 사람들이 움직이는 것을 말합니다. 집회는 대개념이고, 시위는 소개념이라고 할 수 있는 것이죠.

<제21조>
②언론·출판에 대한 허가나 검열과 집회·결사에 대한 허가는 인정되지 아니한다.

미국 연방헌법 제1조는 집회의 자유를 평화롭게 집회할 인민의 권리라고 설명하고, 독일 헌법 제8조는 "모든 독일인은 신고나 허가 없이 자유롭게 그리고 무기 없이 집회할 권리를 가진다."고 말합니다. 독일 헌법 제8조를 받아서 구체적으로 규정하고 있는 독일의 '집회 및 시위에 관한 법률' 제1조는 "누구나 공적 집회를 개최하고 그 집회에 참여할 권리를 갖는다." 라고 규정하고 있습니다. 독일 헌법은 '모든 독일인'이라고 표현했고, 독일 집회 및 시위에 관한법률에서는 '누구나'라고 표현했어요. 행위 주체를 '누구나'로 표현함으로써 헌법보다 법률에서 그 대상을 확장시킨 셈입니다.

따라서 녹일에서는 집회에 참여할 권리가 법률상 외국인에게도 있는 것이죠.

집회라는 개념에는 크게 세 주체가 등장합니다. 집회를 주최하고 참여하는 이들, 그 밖의 사람들인 공공 그리고 경찰로 상징되는 국가권력, 이 세 주체가 집회와 연관돼 있습니다. 집회를 주최하거나 집회에 참여하는 사람들은 마음껏 의사표현을 하고 싶어합니다. 집회에서의 의사표현이란 복수의 사람들이 하는 공동의 의사표현을 뜻해요. 반드시 복수여야 집회가 되기 때문입니다. 흔히 1인 시위, 1인 집회라고들 말하지만 정확하게는 1인 집회는 성립할 수 없는 개념인 것이죠. 집회의 세 주체 사이에는 기본적으로 서로에게 협력해야 하는 의무가 있습니다. 이를 수인의 의무라고 하는데 쉽게 말하면 참고 인내할 의무라는 뜻입니다. 우리 헌법이 집회의 자유를 보장하고 있으니까 국가권력은 집회를 주최하고 참가하는 이들의 집회의 자유를 최대한 보장해주어야 한다는 것입니다. 공공 또한 수인의 의무가 있으니 가능한 한 집회 때문에 생기는 불편을 참으라는 겁니다. 대신 집회를 주최하는 이들은 평화롭게 집회해야 하기 때문에 이를 집회의 평화성이라고 합니다.

집회의 평화성은 집회가 헌법적으로 강하게 보호받기 위한 필수요소입니다. 폭력적 집회까지 헌법이 보호하는 것은 아니기 때문이에요. 물론 형법이론적으로 정당방위는 가능해요. 광주에서 있었던 5·18민주화운동을 생각해보세요. 폭력에 대한 저항폭력은 정당화되지만, 내가 먼저 폭력을 가하면 집회의 평화성에 반하는 것이라고 생각하면 되겠죠.

1996년 프랑스를 방문했을 때 마침 집회가 열렸습니다. 당시 집회 주최자들이 트럭으로 고속도로를 막아서 프랑스에서 영국으로 가는 곳까지 전부 폐쇄됐었어요. '큰일 나는 거 아닌가' 해서 깜짝 놀랐죠. 정작 프랑스 사람들은 눈 하나 깜짝하지 않았는데 말이에요. 지난해 여름 영국 런던에 갔을 때는 지하철 파업이 있었어요. 지하철역을 폐쇄하고 '파업 중'이라는 작은 쪽지를 써 붙여둔 게 다였습니다. 방송에선 지하철 대신 다른 교통편을 설명하는 걸로 끝이고요. 런던 시민들이나 프랑스 시민들의 생활에도 불편함이 있지만 그걸 참는 거죠. 왜냐하면 '저들의 일이 언젠가 내 일이 될 수도 있다'고 생각하니까요.

대한민국에서 살아가는 동안 과연 내가 저런 집회와 아무 상관이 없을 것이라고 누가 장담할 수 있을까요. 언제든 내 일이 될 수 있다고 생각하면서 공공은 불편을 참아주고, 경찰은 집회하는 이들이 안전하게 집회할 수 있도록 최대한 보호해주어야 하는 거죠. 집회는 다섯 살짜리 꼬마 아이부터 노인에 이르기까지, 가난한 자들부터 부유한 이들에 이르기까지 모든 사람에게 허용돼 있어요. 누구나 집회할 자유를 갖기 때문이에요.

"집회할 때 사전 신고해야 된다."는 말을 들으셨을 거예요. 이때 신고는 사후신고가 아니라, 사전신고여야 해요. 신고 의무를 부과한 이유는 경찰이 집회를 돕기 위해 미리 준비하도록 한 거예요. 만일 집회가 위험한 방향으로 확산되면 경찰이 어떻게 대비해야 될까, 인력은 어느 정도 배치시

집회의 자유

켜야 할까, 같은 것을 대비하기 위한 것이죠. 다만 원칙적으로 해 뜨기 전과 해진 후는 집회와 시위를 허용하지 않습니다. 왜냐하면 너무 이른 시간이나 너무 늦은 시간에 집회를 하게 되면 공공의 평온이 깨질 수 있다고 생각하기 때문이에요.

이와 관련하여 헌법재판소에서 "야간 집회, 시위를 원칙적으로 금지하는 것은 헌법에 합치되지 아니한다."는 헌법불합치 결정을 내렸기 때문에 지금은 집회 및 시위에 관한 법률 제10조에 "누구든지 해가 뜨기 전이나 해가 진 후에는 옥외집회 또는 시위를 하여서는 아니 된다. 다만, 집회의 성격상 부득이하여 주최자가 질서유지인을 두고 미리 신고한 경우에는 관할 경찰관서장은 질서 유지를 위한 조건을 붙여 해가 뜨기 전이나 해가 진 후에도 옥외집회를 허용할 수 있다."고 되어 있어요.

참 까다롭죠. 이렇게 하면 야간 옥외집회가 사실상 경찰서장의 허가를 받아야 하는 허가제처럼 운영이 되는 셈이고, 야간이 되어야 시간을 낼 수 있는 직장인들 입장에서는 집회가 어려워진다는 점에서 문제가 있는 거죠. 이런 조건을 붙일 필요 없이 집회하도록 하면 될 텐데 말이에요. 만약 집회에서 범죄행위가 발생하면 형사법적으로 처벌하면 되고요. 참고로 독일은 시간제한을 두지 않고 있어요.

효순이·미선이 사건 아실 거예요. 의정부에서 여중생 두 명이 학교 끝나고 집에 가는 길에 미군 장갑차에 깔려서 죽었잖아요. 그때 효순이·미선이의 죽음을 기리는 촛불집회가 시작됐어요. 우리나라에서 촛불집회가 시작된 걸로는 ㅗ세 치음인 거예요. 그때 경찰관서에서 폭력적인 집회시위가 우려된다고 하면서 집회를 못 하게 막았단 말이에요. 그래서 당시 집회 주최자들이 문화행사로 행사의 성격을 바꿔버립니다.

<집시법 제15조>
학문, 예술, 체육, 종교, 의식, 친목, 오락, 관혼상제 및 국경행사에 관한 집회에는 제6조부터 제12조까지의 규정을 적용하지 아니한다.

문화행사에는 집시법을 적용할 수 없도록 돼 있기 때문에 효순이·미선이 촛불집회를 문화행사로 운영했던 거죠. 이제 1인 시위에 대해 살펴볼게요. 저도 올해 1인 시위를 두 번 했습니다. 한 번은 국정 역사교과서 때문에, 또 한 번은 누리과정 때문에. 저뿐 아니라 다른 교육감님들도 1인 시위를 했는데, 교육감님 한 분에게서 전화가 왔어요.

"교육감님, 저는 내일 교육부 앞에서 국정교과서 1인 시위할 겁니다."

"혼자 하시죠?"

"아니요, 둘이 합니다."

"왜 두 분이서 하세요?"

"둘이 해도 되는 거 아닙니까."

"안 돼요. 둘이 하면 신고하셔야 돼요."

1인 시위는 헌법 제21조가 말하는 집회가 아니에요. 헌법 제21조가 말하는 집회는 주체가 2인 이상이기 때문에 헌법을 구체화시킨 하위규범인 집시법의 적용대상이 아니에요. 그래서 1인 시위는 야간에 할 수 있고, 새벽에도 할 수 있습니다. 그렇다면 1인 시위는 헌법적으로 보호받을 수 없는 걸까요? 논리적으로는 집회의 자유의 보호를 받을 수 없습니다. 그런데 의사표현의 자유가 있잖아요. 1인 시위라고 표현하긴 했지만 이건 시위가 아니라, 의사표현의 수단이에요. 그렇기 때문에 의사표현의 자유로 보장받아야 해요.

만약 같은 장소에서 1인 시위를 두 명이서 동시에 하고 있다면 어떻게 해석해야 할까요? 두 명이 있으니까 복수의 개념인 집회로 봐야 하는 걸까요? 아닙니다. 법률에는 두 사람 사이의 거리가 어느 정도 떨어져야 한다는 구체적인 규정이 없어요. 이걸 입법의 공백이라고 합니다. 그래서 이부분에 대한 법률적 해석을 잘해야 해요. 이때는 보통 두 사람이 서로 의사 연락을 할 수 없는 정도로 서로 떨어져 있는 거리라고 보면 됩니다.

2009년에 이명박 정부 2년차 때 방송법을 날치기로 처리했습니다. 이사안에 관하여 헌법재판소는 "방송법 날치기 처리는 헌법이 보장하는 국회의원의 법률안 심의 의결권을 침해했다. 그래서 위법이다. 하지만 무효는 아니다."라고 말했습니다. 논리적으로도 모순이 되는 말도 안 되는 일이죠. 독일 연방헌법재판소는 위헌확인만 하고 끝나는 경우도 있고, 위헌확인을 하고 무효라고 선언하기도 합니다. 그러면 연방의회는 법률을 다시 만들어요. 우리는 위법인 것을 지적하고 다시 무효는 아니라고 말해버렸으니 스스로 모순임을 말하고 있는 셈이죠.

방송법 날치기 처리된 2009년에 전국의 방송국에서 노조파업이 일어났습니다. 기자들이 파업을 할 정도였죠. 그때 저도 방송국에 찾아가서 기자들을 격려하면서 힘내라고 말했는데, 그때 한 기자가 이런 말을 했어요. "하루는 나이 많은 어르신들이 우리 방송국 앞에 와서 피켓을 들고 막 소리치는 거예요. '어르신 여기 왜 오셨어요.'하고 물어봤어요. 그런데 이 어르신이 '나도 몰라. 가라고 해서 왔어.'라고 했다는 거예요."

이 부분이 중요합니다. 집회가 성립하기 위해서는 다수여야 한다고 했는데, 이때 단순하게 모이는 다수가 아니라 이들 사이에는 내적 의사연락이 있어야 돼요. 공동의 목적이 있어야 된다는 말이에요. 그 어르신이 "나도 몰라, 왜 왔는지."라고 한다면 그것은 이미 헌법 제21조가 보호하는 집회가 아니라는 거예요.

집회 사전신고는 720시간 전부터 48시간 전까지예요. 집회신고 기간을 어기게 되면 형사 처벌까지 받을 수 있어요. 그런데 지금 바로 갑작스럽게 해야할 집회도 있을 수 있죠. 이걸 번개집회라고 하는데, 이때는 48시간 전 신고의무를 부과하면 안돼요.

집회에는 공적 의사연락, 상호 의사연락, 공동의 목적이 있어야 된다고 합니다. 집회의 자유 자체가 정치적 자유입니다. 다른 말로 하면 집회의 자유가 제대로 보장되고 행사되어야 우리나라의 민주주의가 발전한단 말이에요. 그래서 이 집회의 자유를 함부로 통제하면 안 된다고 보는 게 우리 헌법의 기본취지입니다.

집시법은 원칙적으로 옥외집회, 야간집회를 규제하려고 하기 때문에 이에 관련한 규정을 촘촘히 두고 있습니다. '옥외'란 어떤 뜻일까요. 간단하게 말하면 건물 밖입니다. 사방이 막혀 있고 지붕은 없다면 폐쇄되었다고 볼 수 있겠죠.

예를 들어, 군산공설운동장에 천장이 없고 사방이 막혀 있잖아요. 여기에 모여서 사람들이 집회를 하면 옥내집회인 걸까요, 옥외집회인 걸까요. 우리나라는 천장이 없고 사방이 막혀 있으면 옥외집회로 여겨요. 군산공설운동장에 모여서 집회하면 그건 옥외집회가 되는 셈이에요. 독일은 사방이 막혀 있으면 옥내집회예요. 독일에서는 천장이 있고 없고의 문제가 아니라 사방이 막혀 있으면 옥내로 여겨요.

옥내집회인지 옥외집회인지 따지는 가장 중요한 이유는 일단 사방이 막혀 있으면 공공의 이익을 침해할 개연성이 굉장히 줄어들기 때문이에요. 게다가 이동할 수 있는 것도 아니고 말이에요. 우리나라 집시법에서는 옥외집회를 규제하고 있는데, '옥외'의 개념이 너무 폭이 넓은 셈이죠. 하루빨리 개정해야 되는 조항이에요. 외국에선 이런 규정을 보기 드물어요.

<제21조>

①모든 국민은 언론·출판의 자유와 집회·결사의 자유를 가진다.

②언론·출판에 대한 허가나 검열과 집회·결사에 대한 허가는 인정되지 아니한다.

이때 결사는 사람과 사람이 뭉치는 걸 뜻합니다. 쉽게 말하면 다수의 사람이 단체를 결성하는 자유가 결사의 자유입니다. 하지만 헌법 제21조는 일반 국민이 히는 시적인 모임까지 보호하지는 않습니다. 헌법 제21조에 있는 집회의 자유, 결사의 자유는 민주적 공동체에 직접 관계되는 것이기 때문입니다.

우리는 누구나 자유롭게 사적 결사를 만들 권리를 가지고 있습니다. 하고 싶은 말은 얼마든지 외칠 수 있는 입의 자유, 말할 수 있는 자유도 가지고 있고, 사전에 신고하면 얼마든지 많은 이들과 함께 평화롭게 집회할 수도 있는 것이에요. 대한민국에도 평화롭게 촛불을 들고 아이들이 잠들어 있는 유모차를 밀고 거리로 나오는 시민이 갈수록 많아지고 있어요. 집회의 자유가 보장될 때, 민주주의도 함께 성숙해져가는 겁니다.

문화와 예술을
말하다

Pacta Sunt Servanda

대한민국 헌법 <제22조>

①모든 국민은 학문과 예술의 자유를 가진다.

②저작자·발명가·과학기술자와 예술가의 권리는

법률로써 보호한다.

문화와 예술을 말하다

헌법에도 수많은 사연이 있습니다. 조문마다 자신의 이야기가 있고, 삶의 기록이 있어요. 그뿐이 아니에요. 조문 하나하나 자신의 소리를 갖고 있어요. 뭔가 하고 싶은 말이 있단 말이죠. 그런데 이걸 누군가 귀 기울여 들어줘야겠지요. 헌법 조문의 이야기를 들어주는 이, 그게 바로 국민이고 인간이어야 하는 것이지요. 왜냐하면 헌법 조문 전체가 국민 또는 인간과 관련이 되어 있으니까요.

아프리카에서 어떤 사람이 한국의 영토로 불법 이민을 온다고 하더라도 우리 헌법은 그 사람에 대해서 "당신은 인간이다." 이렇게 말을 건넵니다. "당신은 하찮은 존재가 아니라 매우 소중한 인간입니다." 이렇게 선언하는 거예요.

그게 헌법이에요.

오늘은 헌법이 말하고 있는 문화에 대한 이야기를 들어보려고 해요.

조금 전에 한 가족이 연주를 했잖아요. 그 가운데에 현악기 하나가 있죠. 그 현악기를 최초로 발명한 곳이 아프리카라고 해요. 현악기의 재료는 나무인데 나무 상태로 있으면 그걸 가리켜서 우리는 자연이라고 합니다. 그런데 거기에 인간의 생각과 인간의 기술을 집어넣어 뭔가 다른 걸로 만들어내잖아요. 그러면 그것이 '문화'가 되는 거죠. 현악기라는 다양한 악기가 만들어지고, 악기에서는 음악이 흘러나오고 그를 위해서는 수많은 작곡이 필요한 것이고요. 학자들은 자연과 문화를 구분하더라고요. 절대적인 것은 아니고 과거엔 남성, 여성과 연결시켰어요. 인류학자들은 여성은 자연이고, 남성은 문화로 봤어요. 그러니까 문화는 자연을 초월하면서 자연을 조정하는 그런 걸로 본 셈이죠. 어려운 표현이긴 하지만 결국 자연도 문화에 속한다고 보는 거예요.

어느 나라 헌법이든지 문화에 대해서 꼭 이야기를 합니다. 아침부터 비가 주룩주룩 내리는데 내 귀에는 음악 한 곡도 들려오지 않는다면 그건 좀 삭막한 거잖아요. 그런데 내 귀에 음악이 들어온다? 내 삶 어딘가는 열려 있다는 거예요. 사실 문화라는 것은 인간의 삶에서 떼어놓을 수가 없단 말이죠. 그래서 어느 나라든지 문화에 대해서 말하지 않는 헌법은 없습니다. 그래서 오늘날의 헌법을 가리켜서 이런 표현을 씁니다.

"오늘날의 헌법은 그 기본원리의 하나로서 문화국가를 선언하고 있다."

우리나라도 법치국가이면서 동시에 문화국가를 선언하고 있다는 거예요. 우리 헌법에서 문화국가를 어떻게 선언하고 있는지는 조문 몇 개를 보면 금방 알 수 있어요. 대표적인 조문이 헌법 제9조예요.

<제9조>
국가는 전통문화의 계승·발전과 민족문화의 창달에 노력하여야 한다.

전통문화와 민족문화로 나누어 이야기하고 있지요? 여기에서 우리 헌법이 말하는 문화가 바로 그 두 가지라는 것을 알 수 있어요. 그런데 이것만 가지고는 안 돼요. 문화국가를 이루어 나가려면 꼭 필요한 게 있잖아요. 그래요. 바로 배움이에요. '배움', 이것을 우리는 교육이라고 한단 말이에요. 교육이 오류 없이 자기의 길을 갈 수 있도록 해주는 토대가 되는 게 하나 또 있는데 그것은 학문이라고 해요. 따라서 교육과 학문은 불가분의 관계에 있는 거죠.

문화에서 정말 빼놓을 수 없는 것 가운데 하나는 예술이에요. 그리고 또 뭐가 있을까요. 2016년 알파고와 이세돌 9단이 대결을 벌였죠. 그건 스포츠라고 해요. 정신 스포츠. 그렇다면 바둑도 올림픽 종목으로 할 수 있겠지요. 맞아요. 스포츠니까요. 거기에 영상, 영화 정말 다양한 개념들이 등장하게 되지요.

헌법 제31조에서는 교육에 관해서 집중적으로 규정하고 있어요.

<제31조>

①모든 국민은 능력에 따라 균등하게 교육을 받을 권리를 가진다.

이건 능력에 따라 균등하게 대우 받을 권리를 가진다는 거예요.

<제31조>

②모든 국민은 그 보호하는 자녀에게 적어도 초등교육과 법률이 정하는 교육을 받게 할 의무를 진다.

초등학교에 보내는 것이야말로 부모가 자녀에 대해서 가지는 의무예요. 교육을 받게 할 의무라는 말이에요. 법률은 초중등교육법에서 중학교 교육도 의무교육으로 하고 있어요. 사실 고등학교 교육도 교육을 받게 할 의무로 해야 된다고 생각해요.

<제31조>

③의무교육은 무상으로 한다.

의무교육을 무상으로 한다는 것은 잘못된 표현이고 의무교육은 무료로 한다는 표현이 맞아요. 초중등교육법에서 의무교육을 중학교까지만 하는 이유는 국가가 그 이상의 돈을 들이기를 원하지 않는다는 뜻이에요.

<제31조>

④교육의 자주성·전문성·정치적 중립성 및 대학의 자율성은 법률이 정하는 바에 의하여 보장된다.

이 조항에서는 유·초·중·고 교육 그리고 대학교육이 나옵니다. 학문의 자율성을 말할 때 학문이란 고등교육기관에서 하는 배움을 말합니다. 그리고 고등교육기관이란 대학·대학원·연구소 이런 곳을 가리키는 거죠.

<제31조>

⑤국가는 평생교육을 진흥하여야 한다.

대학교까지 졸업했다고 해서 끝나지 말고 국민이 계속 배움의 길을 갈 수 있도록 국가가 길을 열라는 거예요. 그래서 제31조에서 교육에 관해서 규정하고 있고, 제4항에서는 대학교육에 관해서도 규정하고 있어요. 대학교육의 핵심은 자율성이에요. 또 다른 말로는 대학 자치라고도 해요. 헌법 제89조를 보면 국무회의의 심의사항이란 표현이 있는데, 이 국무회의의 심의사항 중 하나가 국립대학 총장임명이거든요. 그런데 국립대학 총장임명권은 대통령이 갖고 있어요. 대통령이 가지고 있는 국립대학 총장 임명권과 대학이 가지고 있는 대학 자율성을 조화적으로 해석하는 거죠. 그래서 대학은 대통령의 임명권을 존중해주고 대통령은 대학의 자율성을 존중해주죠. 대학은 대통령에게 후보자를 추천할 때 단수가 아닌 복수로 추천해요. 그러면 임명권자인 대통령은 자기 마음에 들지 않더라도 대학의 의사를 존중해야 하는 거죠. 헌법 제31조 세4항과 제89조 대통령의 국립대학 총장임명권은 이런 식으로 연결되는 것이에요.

헌법 제22조를 볼까요.

<제22조>
①모든 국민은 학문과 예술의 자유를 가진다.
②저작자·발명가·과학기술자와 예술가의 권리는 법률로써 보호한다.

제1항에서 학문의 자유와 예술의 자유가 나와요. 학문활동과 예술활동을 하고 나면 그에 따른 결과물이 나와요. 이것은 우리나라가 문화국가로서 수준을 높여나가는 데 굉장히 가치 있는 것이지요. 이 소중한 가치를 헌법으로 보호를 해줘야 할 뿐더러 법률적으로도 보호를 해줘야 해요. 그걸 헌법 제22조가 말을 하고 있는 거예요.

제2항에서 말하는 저작자·발명가·과학기술자·예술가 이 사람들의 작품을 누군가 표절한다면 어떻게 될까요. 그건 곧 그들의 인격권을 침해하는 것이 되는 것이지요. 그래서 이걸 일컬어 지식재산권, 정신적 재산권 이런 표현을 써요. 그런데 지식재산권, 정신적 재산권이 이것만 있는 게 아니라 지식재산권, 정신적 재산권 중에서 네 개를 특별히 예시한 것일 뿐이지 이것 말고도 지식재산권은 얼마든지 나온다, 이 말이에요.

처음에 자연과 문화를 이야기했는데, 자연과 문화를 놓고 보면 공통점이 있어요. 헌법적 관점에서 볼 때 아주 두드러진 공통점은 다양성이에요. 자연에서 종의 다양성처럼 말이에요. 문화에서는 예를 들면 악기에서 기능의 다양성이 있겠지요. 자연에서도 문화에서도 중요한 가치가 다양성이에요. 우리나라를 가리켜서 자유민주주의 국가라고 하죠. 자유민주주의 국가, 여기에서 반드시 확보해야 될 아주 중요한 가치가 다름 아닌 다양성인 것이에요.

우리 인간은 수많은 다양성 가운데 하나의 특성을 가지고 사는 존재인 것이죠. 그래서 나라는 존재는 누구와도 대체할 수 없는 존재예요. 누구도 나를 대신할 수 없어, 나는 나야, 이게 우리 교육에서 아이들에게 심어줘야 할 아주 중요한 거예요. 누가 너에 대해서 누구냐고 물어보면 나는 나라고 대답해라, 그게 너무나 중요한 거죠. 자연에서의 다양성, 문화에서의 다양성을 인정하느냐 하는 것은 이루 말할 수 없이 중요한 것이지요.

그래서 우리 헌법은 문화의 다양성을 보존하고 이것을 지켜주는 데 집중적으로 노력을 해야 하는 거예요. 예술을 가리켜서 이렇게 말을 해요. 우리 헌법학에서는 예술이라고 하는 것은 미를 추구하는 거다, 아름다움을 추구하는 거다, 그러면 질문이 또 질문을 낳죠. 아름다움은 뭔데? 여기 계신 분들 어때요? 냉정한 이성으로 한번 저를 바라보세요. 아름답습니까?

어느 부모가 내 자식 아름답지 않다고 할 부모가 어디 있어요. 우리 어머니는 지금 여든다섯인데 지금도 "아무리 눈을 씻고 보아도 내 아들보다 잘생긴 사람 없더라. 달덩이 같아 가지고"라고 해요.

무엇이 미인기에 대해 철학자들이 여러 가지로 말을 해요. "미는 완전성이다.", "미는 조화다."

그런데 확실한 건 미라는 개념은 이것이다. 쉽게 정의를 내릴 수 없다는 거예요. 매우 주관적이잖아요. 누구 눈에는 예쁜 사람이 누구 눈에는 추하니까 말이에요. 그래서 헌법에서도 크게 두 가지 흐름이 있어요. '미는 이것이라고 개념정의 하지 마라'는 입장과 아니다. '미가 뭔지를 알아야 헌법이 보호할 거 아니냐.'는 입장.

미가 뭔지 개념정의를 내리지 말라고 하면 다 아름답고 다 예술이 되겠지요. 그럼 어떻게 될까요. 도대체 예술과 외설을 어떻게 구분할 거냐는 문제가 생기게 돼요. 즉 우리 아이들이 외설 앞에 계속해서 노출되어 있는데 국가는 그대로 방치할 거야? 같은 문제가 생긴다는 거예요.

그러면 반대 의견대로 '미는 이것이다'라고 개념 정의를 내리게 된다면 그 정의는 누가 내리겠어요? 경찰관·검사·판사같은 사람들이겠죠. 그래서 여기서 다시 문제가 생기는 거예요. 국가가 예술에 대해서 재판관 노릇을 해버린다는 것이지요. 이렇게 되면 문화의 자율성, 예술의 자율성 같은 부분에 문제가 생긴다는 거예요.

가장 이상적인 것은 뭐겠어요? 개념정의를 내릴 거냐 안 내릴 거냐 이거다 떠나서 문화라고 하는 가치, 예술이라고 하는 가치는 최대한 보호를 받아야 한다는 것이에요. 가능한 한 국가가 개입해선 안 돼요. 그렇지만 우리 아이들이 지나치게 예술이란 이름으로 나오는 외설에 노출되어선 안 되겠지요. 그래서 대부분의 나라가 헌법이나 법률에서 예술의 자유를 보

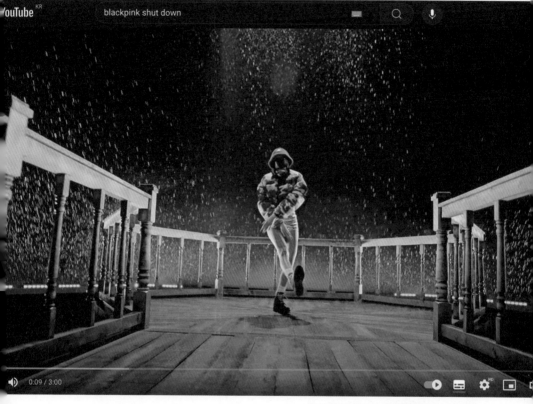

아이돌 블랙핑크 뮤직비디오

나는 날마다 헌법을 만난다

장한 것과 마찬가지로 청소년 보호를 위해서는 규제를 가할 수 있도록 하고 있는 거예요.

군산에 발달장애아인데 그림을 아주 잘 그리는 아이가 하나 있어요. 그 아이가 지난해에 개인전을 했어요. 개인전을 할 때 좋은 그림 하나가 있어요.

"이 그림 참 마음에 든다."

했더니,

"이미 누가 찜했어요."

라고 하는 거예요. 그러면서 어떤 사람이 와서 그러더래요.

"이거 이대로 다시 그려주면 안 되겠어?"

그런데 이 아이가 이렇게 말했다고 해요.

"안 돼요. 내 그림은 하나면 족해요."

예술가가 예술활동을 할 때 작곡가가 작곡을 해서 자기 곡이 공연되는 걸 보잖아요. 또 성악가가 자기 노래를 부르잖아요. 연극인이 자기 연극을 하잖아요. 가수가 자기 노래를 부르잖아요. 이런 행위를 할 때 1차적인 목적은 표현 그 자체가 목적이지만 자기 작품을 판매하는 행위, 이를테면 가수가 공연하고 발표까지 했다고 해봐요. 이걸 판매하려 할 때는 헌법 제22조가 손을 떼요. '난 이제 몰라요. 다른 헌법 조문으로 가세요.' 라고 하지요.

헌법 제23조로 넘어오는 거예요.

모든 국민의 재산권은 보장된다.

그러니까 예술활동, 문화활동의 결과물을 경제적으로 활용하고자 할 때에는 헌법 제22조가 아니라 헌법 제23조에 따라 재산권의 보호를 받는다는 거예요. 그게 무슨 차이가 있을까요.

제23조는 제22조에 비해 상대적으로 약한 보호를 받아요. 제1항 볼까요.

<제23조>

①모든 국민의 재산권은 보장된다. 그 내용과 한계는 법률로 정한다.

그러고도 부족해서 제2항에 들어가면

②재산권의 행사는 공공복리에 적합하도록 하여야 한다.

라고 말하고 있죠.

제3항에서 또 규제를 가해요.

③공공필요에 의한 재산권의 수용·사용 또는 제한

이렇게 말이에요. 제3항에 나오는 것이 바로 공용수용이에요. 내가 가지고 있는 내 땅이 선대로부터, 몇 대로부터 이어받은 땅이라고 하더라도 일단 공공필요가 있으면 그 땅은 국가나 지방자치단체가 수용하겠다고 들어온다면 수용을 해야 해요. 그래서 공용수용이라고 표현하지요. 단, 공용수용을 하되, 반드시 법률로써 하고 정당한 보상을 지급해야 된다고 해요. 정당한 배상이 아니라 정당한 보상을 주라고 말이에요. 원인행위가 적법행위일 때 그 손실을 없애는 행위를 가리켜서 보상한다고 그래요.

<제29조>

①공무원의 직무상 불법행위로 손해를 받은 국민은 법률이 정하는 바에 의하여 국가 또는 공공단체에 정당한 배상을 청구할 수 있다.

여기서 알 수 있듯이 손해는 배상과 연결돼요. 이걸 개념짝이라고 하는데, 제23조 제3항에서는 손실이 나와요. 배상이 아니고 보상이라고 하지요? 공용수용을 당하면 배상이 아니라 보상을 받는 것이에요. 공무원의 불법행위로 내가 손해를 입었을 때는 보상이 아니라 배상을 받는다고 해야 맞아요.

5.18 민주화 운동 그때에 희생을 당한 분들은 보상을 받아야 할까요, 배상을 받아야 할까요? 배상이죠. 그런데 법률 이름이 '5.18민주화 운동 보상법'이에요. 여야가 야합을 해서 그렇게 돼버렸어요. 국민이 법을 잘 알고 있었다면 그걸 가만히 두지 않았겠죠. 법 이름이 말하기를, 5.18 진압행위, 학살행위 자체는 적법했다는 거니까 그 자체로 말도 안 되는 거죠.

독일헌법학자들은 '헌법생활'이라는 표현을 써요. 우리는 매일 헌법과 함께 생활하는 거예요. 국가가 국민의 삶이 정말 헌법생활이 되고 문화생활이 되도록 하려면 국가가 해야 할 일이 있어요. 헌법 제31조 제5항 "국가는 평생교육을 진흥하여야 한다." 참 멋진 표현이죠. 국가가 할 일이란 평생교육을 진흥하기 위한 시스템을 만들어 나가야 된다는 거예요. 앞에서 크게 세 가지 정도로 이야기했습니다. 음악, 미술 그리고 스포츠 등. 이런 것들을 활성화하기 위해 국가가 기본적으로 해야 되는 게 있어요.

이걸 설명하기 위해서는 지방자치를 빼놓고 갈 수가 없어요.

헌법 제123조 제2항은 이렇게 규정하고 있어요.

<제123조>
②국가는 지역 간의 균형 있는 발전을 위하여 지역경제를 육성할 의무를 진다.

이건 서울과 지방, 지방 상호 간의 균형 있는 발전을 말하는 거예요. 이 조문은 놀랍게도 1972년 유신헌법 때 처음 나왔어요. 제가 추측하기로는 당시 박정희 대통령이 작심하고 이걸 집어넣으라고 한 것 같아요. 군사적인 이유로 북한과 서울이 너무 가깝고 경제적인 이유로도 서울에 국가경제가 너무나 집중되어 있다고 생각한 것이죠. 그래서 지역 간의 균형 있는 발전 조항이 그때 처음 나온 거예요.

영국부터 시작한 지방자치는 지금 전 세계에 퍼져 있어요. 북한 빼고는 전 세계 어디서나 다 하고 있죠. 지방자치의 기본은 광역자치가 아니고 기초사지예요. 지방자치를 가리켜 풀뿌리 민주주의라고 하지요. 그래서 여기 정읍시에서도 우리 국민의 문화생활을 위해 해야 할 일이 있어요.

선진국의 예를 들어볼게요. 선진국에서는 국민의 문화생활을 지원하기 위해서 최소한 기초지자체 단위에서 반드시 설치, 운영 및 유지까지 하는 것이 있어요. 이건 제 눈으로 확인하는 곳에서는 없는 데를 못 봤어요. 기본적으로 세가지가 있더라고요.

하나는 극장, 또 하나는 영화관, 그 다음에 수영장이에요. 이 세 개를 기초 지자체가 기본적으로 운영을 해요. 예를 들어서 인구 20만 명 정도 되는 시에서 운영하는 극장에 들어가보면 어느 시간대에 가서 보더라도 기본적으로 3분의 2 정도는 좌석이 차 있어요. 그 정도면 손익분기점은 맞추는 거예요. 한번 생각해보세요. 한 달에 단 한 편이라도 오페라를 보는 사람과 그렇지 않은 사람, 얼마나 차이가 있겠는지.

우리나라 헌법은 분명히 이렇게 선언합니다. '대한민국은 문화국가이다. 국가는 대한민국이 문화국가가 될 수 있도록 하고. 이에 해당하는 국민의 기본권을 침해하지 않도록 보장하고 국민의 문화생활을 지원할 수 있는 제도를 구축하고 지원을 하라.' 이렇게 말을 하고 있단 말이에요. 그런데 그걸 과연 우리가 제대로 하고 있냐는 거예요. 그걸 제대로 하는 나라의 국민과 그렇지 못한 나라 국민의 삶이 크게 차이가 있을 거 아니냐는 거예요.

우리 헌법은 지금 이 순간에도 대한민국은 문화국가임을 스스로 선언하고 있습니다. 여러분이 누릴 수 있는 것은 충분히 누리라는 거예요. 교육을 받을 권리, 대학에 가서 공부할 수 있는 권리, 헌법에서는 초등교육이라고 규정하고 있고 법률이 조금 봐줘서 중학교까지 의무교육으로 하고 있는데, 이걸 당연한 것으로 생각하지 말라는 거예요.

여러분들이 이제 적극적으로 요구해야 돼요. 세금을 내는 국민으로서 고등학교 교육도 무료로 해달라고 요구해야 한단 말이에요. 이건 우리나라 경제규모에 비춰보면 결코 무리한 요구가 아니에요. 시드니에서는 학생들은 고등학교 졸업할 때까지 대중교통수단을 무료로 이용한다고 해요. 최소한 이 정도 문화국가 단계까지 가야 대한민국이 헌법 제1조 제1항에서 말하는 민주공화국이라고 말할 수 있어요.

헌법 제11조를 볼까요?

<제11조>

①모든 국민은 법 앞에 평등하다. 누구든지 성별·종교 또는 사회적 신분에 의하여 정치적·경제적·사회적·문화적 생활의 모든 영역에 있어서 차별을 받지 아니한다.

제11조 제1항은 엄청난 조항이에요. 우리나라 헌법에서 이 조항 하나를 가지고 전체 헌법을 총 지배하는 거예요. 그래서 이걸 가리켜 일반적 평등의 원칙이라고 말해요.

예를 들어볼게요. 헌법 제25조에서는 공무담임권을 규정하고 있어요.

〈제25조〉

모든 국민은 법률이 정하는 바에 의하여 공무담임권을 가진다.

그런데 9급 공무원에 응시할 수 있는 자격을 대졸자로 한다면 일반적 평등의 원칙을 침해한다는 거예요. 헌법 제25조에 평등이란 말이 직접 등장하진 않지만 말이에요.

헌법 제31조에서는 교육의 기회균등을 이야기해요. 제11조는 일반적 평등의 원칙이기 때문에 국민의 모든 생활영역에 다 적용이 되고, 제31조는 개별적 평등이라 개별적으로 적용이 돼요. 교육을 받을 개인의 권리가 평등하다는 뜻이죠.

〈제36조〉

①혼인과 가족생활은 개인의 존엄과 양성의 평등을 기초로 성립되고 유지되어야 하며, 국가는 이를 보장한다.

양성의 평등, 헌법 제11조 제1항이 이 조항 속에 들어가 있어서 혼인 및 가족생활에서의 평등권이 되는 거죠. 이건 곧 우리 국민은 문화적 혜택마저도 평등하게 누려야 한단 말이에요. 문화는 인간으로서 누려야 하는 기본적인 가치인 것이에요. 이것을 마음껏 누리라고 헌법에서 말하고 있는 것이지요.

청구권은
국민이 누려야 할 기본권

Pacta Sunt Servanda

대한민국 헌법 <제29조>

①공무원의 직무상 불법행위로 손해를 받은 국민은

법률이 정하는 바에 의하여 국가 또는 공공단체에

정당한 배상을 청구할 수 있다.

이 경우 공무원 자신의 책임은 면제되지 아니한다.

청구권은 국민이 누려야 할 기본권

　오늘은 국민의 기본적인 권리 중 하나인 청구권에 대해 이야기해보려고 합니다. 헌법 제27조부터 제28조, 제29조, 제30조까지 네 개의 조문은 청구권에 대해 이야기하고 있습니다. 제27조는 재판청구권, 제28조는 형사보상청구권 제29조는 국가배상청구권, 제30조는 범죄피해자 국가구조청구권에 관련된 조항입니다.

　헌법에 제10조부터 제31조까지 22개의 조항은 국민의 기본권인 인권에 대해 말하고 있는데, 이 가운데 오늘 이야기할 청구권도 들어 있어요. 기본권 조항 전체를 가리켜서 기본권 장전 또는 기본권 카탈로그, 기본권 목록이라고도 하죠. 제31조부터 제39조 사이에는 국민이 지켜야 하는 의무들을 이야기하는 조항들도 포함돼 있어요. 납세의 의무, 국방의 의무, 근로의 의무, 교육을 받게 할 의무, 환경보전의 의무까지 말이에요.

큰 틀에서 보면 이것은 우리 헌법상 인권 장전입니다. 기본 의무에 관련된 것조차 사실은 인권과 깊은 연관을 맺고 있어요. 인권 따로 의무 따로 이런 게 아니에요. 예를 들어서 헌법 제38조에 납세의 의무가 규정되어 있습니다.

<제38조>
모든 국민은 법률이 정하는 바에 의하여 납세의 의무를 진다.

개인의 재산에서 세금을 내야 하기 때문에 헌법 제38조는 법률이 정하는 바에 의하여라고 규정하고 있는 거예요.

<제59조>
조세의 종목과 세율은 법률로 정한다.

<제23조>
①모든 국민의 재산권은 보장된다. 그 내용과 한계는 법률로 정한다.

그래서 제59조에 따라 조세의 종목과 세율을 법률로 정하고, 다시 제23조에서는 모든 국민의 재산권을 보장하고, 이와 관련된 것을 법률로 규정하게 한 것이에요. 국민의 기본적인 권리를 보장하기 위한 헌법의 여러 장치들인 것이죠.

개인의 기본권이 헌법에 따라 다른 사람에 의해 침해되지 않을 경우는 평화로운 삶을 영위할 수 있지만 누군가 힘 있는 자가 우리 삶의 기본권을 침해하려 한다면 삶이 불안정해지겠죠.

1953년 3월 9일 미국 캘리포니아 어느 작은 마을에서 살인사건이 발생했습니다. 모나헨이라는 노부인이었습니다. 이른바 캘리포니아 모나헨 살인사건입니다. 그때 한 여성이 혐의자로 수사선상에 올랐습니다. 바버라 그레이엄이라는 30대 초반의 젊은 여성이었는데, 그는 매춘 경력도 있는데다가 전과까지 있었습니다. 이 여성은 체포가 되고 수사를 받지만 끝까지 자신이 무죄임을 주장합니다. 그러나 끝내 그에게는 사형선고가 내려지고 결국 서른두 살이라는 젊은 나이에 사형을 당합니다. 여기까지는 그냥 평범한 사건일 수 있어요. 그런데 안타깝게도 이 여성은 자신의 주장대로 범인이 아니었습니다. 이 일이 있고 나서 몇 년의 시간이 흐른 1958년에 수잔 헤이워드가 주연한 〈I Want To Live〉라는 영화가 한 편 개봉됩니다. 수잔 헤이워드가 바버라 그레이엄 역을 맡았죠. 1958년 아카데미 시상식에서 수잔 헤이워드는 이 영화로 여우주연상을 받습니다. 미국 국민은 이 일이 알려지자 크게 분노하고 안타까워합니다.

이러한 일은 미국에서만 발생하는 게 아닙니다. 우리나라에서도 발생했고 지금도 전 세계 여러 나라에서 발생하고 있습니다. 또한 설사 그가 진범이라고 하더라도 과연 사형집행을 하는 것이 헌법의 정신에 부합하는 것이냐 하는 문제가 남는 것이죠. 헌법은 인간 존엄을 추구하는데, 누군가가 파렴치한 범죄행위를 했다고 해서 그의 생명을 우리 사회가 **빼앗아도** 되는 것인가 하는 문제 말입니다.

유엔인권이사회The United Nations Human Rights Council, UNHRC는 오래전부터 각국에 권고해왔습니다. 사형제도를 폐지하도록 말이에요. 우리나라에도 형법 제250조를 비롯해서 사형조항이 있습니다. 규범적으로 사형제가 있다고 하더라도 사실상 사형을 집행하지 않은 기간이 10년 이상일 경우 그 나라는 사실상 사형폐지국으로 분류합니다. 우리나라는 사형폐지국에 포함됩니다. 법률은 사형제도를 취하고 있되 실질적으로는 사형을 집행하지 않았으니까요.

흉악범을 사형으로 다스리는 식으로 엄격하게 처벌하게 된다면 그때 우리 사회가 기대하는 것은 무엇일까요. 우리 사회 구성원 모두에게 일종의 일벌백계를 통한 경고효과를 기대하는 겁니다. 그렇지만 사형이 집행되는 것과는 별개로 흉악범죄는 계속해서 일어나지요. 눈에 띄게 줄어들지도 않고 말이에요.

결국 사형이라는 극단적인 형벌이 범죄를 예방하고 억제하는 기능에는 한계가 있다는 겁니다. 사형집행을 한다 해도 그 범죄피해자의 유족이 만족감을 얻고 후유증으로부터 해방되는 게 아니라는 거예요. 범죄피해학자들은 말합니다. 범죄자가 진심으로 뉘우치면서 용서를 구하고 피해자와 그 유족이 진심으로 그것을 받아들여 용서를 할 때 치유가 된다는 거예요.

앞에서 말한 억울하게 사형당한 바버라 그레이엄에게 미국 연방정부는 어떻게 했을까요. 유족들에게는 어떻게 했을까요.

<제28조>

형사피의자 또는 형사피고인으로서 구금되었던 자가 법률이 정하는 불기소처분을 받거나 무죄판결을 받은 때에는 법률이 정하는 바에 의하여 국가에 정당한 보상을 청구할 수 있다.

불기소처분은 검사가 내리는 겁니다. 누가 나를 명예훼손으로 고소했어도 검사가 사건을 조사해보니까 범죄 혐의가 없을 때 검사가 내리는 것이 불기소처분, 더 구체적으로는 혐의없음 처분이라고 합니다.

또 다른 예를 들어보겠습니다. 초등학교 2학년 아이가 친구를 죽였다고 가정해보겠습니다. 친구를 죽이겠다는 의지를 가지고 있었고, 실제로 친구를 죽였다면 그건 살인에 해당하는 범죄인 것이죠. 그렇지만 이 아이는 처벌할 수 없습니다. 형사상 미성년자이기 때문입니다. 형사미성년자의 범죄행위는 죄가 안 되는 것입니다. 그래서 이때도 검사는 불기소처분을 내리는데, 이때의 불기소처분은 죄안됨 처분이라고 합니다. 죄가 안 된다는 것은 범죄행위임에도 불구하고 그 사람을 처벌할 수 없다는 거예요. 가끔 검찰로부터 죄안됨 처분을 받았는데 혐의없음 처분을 원해서 헌법재판소에 헌법소원심판을 청구하는 경우가 있어요. 범죄 사실이 있는데 처벌받지 않는 것과 범죄 사실 자체가 없다는 것은 다르기 때문이에요.
또는 검사가 볼 때 범죄 사실이 있고 범죄 사실을 증명할 만한 증거도 있지만 이를 기소처분하지 않고 유예하는 경우도 있어요. 이걸 일컬어 기소유예저문이라고 됩니다.

이런 경우들을 모두 합해서 불기소처분이라고 합니다. 이때 불기소처분 중에서 형사보상을 해줘야 될 것은 혐의없음 처분이겠죠. 조사했는데 범죄 사실이 없었으니까요. 마치 바버라 그레이엄처럼. 제28조는 수사대상이 되는 형사피의자 또는 범죄를 저지른 것으로 여겨지는 형사피고인에 관련된 조항이에요. 이때 검사가 기소를 하게 되면 그때부터 형사피의자는 형사피고인으로 법적인 신분이 바뀌게 됩니다. 형사피의자 및 형사피고인 중에서 일단 구치소로 들어가는 사람이 있어요. 이걸 구금이라고 하는데, 구금되어 있는 형사피의자나 형사피고인에게는 구속피의자 또는 구속피고인이라고 합니다.

정리하면 헌법 제28조에 따라 국민 가운데 형사피의자 또는 형사피고인으로서 구금되었던 자가 법률이 정하는 불기소처분을 받거나 무죄판결을 받은 때는 국가가 정당한 보상을 하도록 해놨어요. 이걸 형사보상청구권이라고 합니다.

억울하게 죽은 바버라 그레이엄의 유가족 역시 형사보상청구권으로 보상을 받았습니다. 우리나라도 헌법 제28조에 따라 법률이 정하는 바에 의해서 보상받도록 돼 있어요. 이때의 법률은 형사보상 및 명예회복에 관한 법률이에요.

그렇다면 실질적으로 들어가볼게요.

과연 우리나라에서는 형사보상에 대한 보상금을 얼마나 줄까요. 2017

년 대한민국 최저임금은 시간당 6,470원입니다. 근로기준법상 하루 노동시간은 8시간이니까 일급으로 하면 51,760원입니다. 형사보상금은 최저임금기준으로 일급 곱하기 5를 하게 돼 있으니까 하루에 258,800원인 셈입니다. 만약 무죄확정판결을 받은 자가 100일 동안 구치소에 있었다면 거기에 100일을 곱해서 25,880,000원이 되는 것이죠. 이때 나중에라도 무죄를 확정받았지만 이미 피고인이 사형을 당했다고 한다면 여기에 3,000만 원 이내에서 더 받을 수 있어요. 이게 바로 '형사보상청구권'이에요. 참고로 유죄확정판결을 받기 전까지는 형사피고인은 구치소에 구금돼 있어요. 유죄가 확정된 형사피고인이 가는 곳이 교도소이고요. 이것은 우리나라의 형사재판에는 확실하게 유죄라고 판결이 날 때까지는 피고인은 무죄라고 간주하는 무죄추정의 원칙이 적용되기 때문이에요.

1964년 9월 11일은 대한민국의 역사에선 굉장히 중요한 날입니다. 이 날 베트남 전쟁에 우리 군인들을 파견합니다. 베트남은 오랜 기간 프랑스의 식민지였습니다. 미국이 베트남 전쟁을 일으킨 것도 베트남을 식민지로 삼고 싶은 마음이었던 거죠. 우리 군인들이 베트남에서 많이 죽었습니다. 정부는 국가가 파견한 전쟁에서 죽은 군인에게 무엇을 해줘야 할까요.
여기서 보상과 배상의 차이가 나옵니다. 법률상 원인행위가 적법한 행위일 때는 보상이라고 표현하고, 그렇지 않을 때는 배상이라고 표현합니다. 베트남전쟁에서 군인들이 죽게 된 원인은 국가가 파견했기 때문이죠. 그래서 이때는 배상이라고 표현해야 맞습니다. 국가가 배상해줘야 할 책

──────── 베트남 전쟁

임이 있기 때문이에요. 이를 일컬어 국가배상청구권이라고 합니다.

예를 들어 무주교육지원청에 근무하고 있는 어떤 공무원이 학교현장을 살피러 운전하고 가다가 과실로 행인을 쳤고, 행인이 상해 또는 사망의 결과에 이르렀다면 그 피해자나 피해자의 가족이 무주교육장과 대한민국 정부를 상대로 하는 소송이 바로 국가배상청구소송입니다.

베트남 전쟁에서 사망자뿐 아니라 부상자도 매우 많았습니다. 당연히 대한민국 정부를 상대로 해서 이들이 국가배상청구소송을 제기합니다. 우리 헌법에 그렇게 돼 있으니까요. 다만 헌법에 굳이 열거돼 있지 않아도 국민의 자유와 권리에 해당하는 것이라면 청구할 수 있다는 것을 기억해야 합니다.

<제37조>

①국민의 자유와 권리는 헌법에 열거되지 아니한 이유로 경시되지 아니한다.

헌법 제37조 제1항이 말해주고 있잖아요.

이때 국가는 사망자와 부상자들에게 배상을 해줍니다. 그런데 국가의 경제적 부담이 꽤 컸겠죠. 당시 1964년에 파병하고, 1966년에 배상해준 게 10억원에서 15억원 정도 됐다고 합니다. 지금이야 서울시에 있는 고급 아파트 한 채 값 정도지만 당시만 해도 엄청난 액수였죠. 법률이 정하는 유족보상금과 연금 정도만 받게 하는 방법을 연구하다가 국가배상법에 단서조항을 만들어 버립니다. 이 조항에 해당되는 이들이 군인·군무원·경찰공무원·향토예비군대원 등입니다. 이들은 국가를 상대로 배상을 청구할 수 없다는 조항을 만든 거죠. 헌법에서는 대상을 제한하지 않았음에도 불구하고 하위규범인 법률에서 제한하는 거죠. 이걸 위해서 1966년 3월 3일에 여당에서 단독으로 법률안을 처리해버린 겁니다.

당시 유족들 또는 본인들이 법원에 소송을 제기합니다. 멀쩡한 아들이 열심히 공부하고 있다가 군대에서 사고로 죽었는데 배상도 안 해준다면 너무 억울하잖아요. 그래서 국가배상법 제2조 단서조항이 위헌인가 아닌가의 문제가 생겼어요.

지금은 헌법재판소가 법률의 위헌판단을 하지만 그때는 헌법재판소가 없었고 법원이 위헌판단을 했어요. 당시 국가배상법 제2조 단서조항에 대해서 1심, 2심에서 위헌판결을 선고해버렸어요. 정부가 기댈 곳은 대법원밖에 없잖아요. 1971년 6월 22일 대법원 역시 똑같이 위헌판결을 선고했어요. 1971년이면 군사정권으로 매우 엄격한 강압통치를 할 때입니다. 그런데도 1심, 2심, 심지어는 대법원까지 위헌을 선고해버린 겁니다. 대법원 판사 일곱 명 중에 다섯명이 위헌이라고 했어요. 압도적이죠.

1971년 6월 28일 서울지방검찰청에서 판사 두 사람에 대한 구속영장을 청구합니다. 당시 서울형사지방법원 이범렬 부장판사와 최공웅 배석판사였습니다. 범죄혐의는 뇌물수수죄였지요. 당시 반공법 위반사건을 맡고 있었는데 재판부가 제주도에 현장조사를 갔어요. 그런데 사건 변호인으로부터 제주에서 서울까지 왕복항공료와 음식 대접을 받았다는 거였어요. 지금이야 언제 어디서든 스마트폰으로 촬영하겠지만 그때는 정보원들이 뒤를 졸졸 따라다닌 거였죠.

곧이어 6월 28일 구속영장을 청구했습니다. 검찰이 구속영장을 법원에 청구하잖아요. 법원이 검찰의 구속영장을 기각합니다. 검찰이 다시 구속영장을 청구합니다. 그러자 전국에 약 150여 명의 판사들이 집단 사표를 제출했어요. 대단하죠. 법관 스스로에 대한 자긍심이 없이는 할 수 없는 행동이지요. 이걸 가리켜서 우리나라 사법사상 제1차 사법파동이라고 해요.

1972년 10월 17일, 이른바 유신이 선포됩니다. 그리고서 1972년 12월 27일에는 헌법 개정을 해요. 유신헌법을 만들면서 아예 앞에서 논란이 됐던 국가배상청구권 제한에 관련된 단서조항을 헌법에 집어넣어요. 이젠 법원조차 어찌할 수 없게 돼버린 것이죠. 그리고 유신 선포 이후에 법관 재임용을 하는데, 앞에서 말한 대법관 일곱 명 가운데 반대했던 다섯을 모두 탈락시켜버립니다.

법관들은 이를 각오하고 꿋꿋하게 위헌을 선고했던 것이죠. 이런 우여곡절을 거쳐서 만들어진 게 제29조 제1항이에요.

<제29조>
①공무원의 직무상 불법행위로 손해를 받은 국민은 법률이 정하는 바에 의하여

국가 또는 공공단체에 정당한 배상을 청구할 수 있다. 이 경우 공무원 자신의 책임은 면제되지 아니한다.

제29조 제1항에서 모든 국민에게 국가배상청구권을 보장하고 있습니다. 국가는 공무원의 직무상 불법행위로 인한 손해에 대해 구상권을 행사할 수 있어요. 그렇지만 구상권을 자주 행사하면 공무원의 활동이 위축될 수밖에 없으니까 국가배상법에서는 이를 보완하기 위해 '고의·중과실일 경우에만 구상책임을 지도록' 하고 있어요. 경과실은 구상에 대한 책임을 묻지 않아요.

<제29조>

군인·군무원·경찰공무원 기타 법률이 정하는 자가 전투·훈련 등 직무집행과 관련하여 받은 손해에 대하여는 법률이 정하는 보상 외에 국가 또는 공공단체에 공무원의 직무상 불법행위로 인한 배상은 청구할 수 없다.

제1차 사법파동을 보고 나서 제29조 제2항에 아예 문제의 단서를 규정해 놓고 더는 논쟁할 수 없게 해버린 거예요. 국가배상법에서 군무원이란 군대에서 일하고 있는 민간인입니다. 군무원과 소방공무원, 향토예비군대원 등은 법률이 정한 보상 외에는 국가에게 손해배상을 청구할 수 없게 돼 있는 거죠. 군대에서 억울하게 죽어도 그렇고, 위험한 일을 매일 하는 소방관들도 그렇고 말이에요.

우리나라 헌법학계는 물론이고 세계 모든 나라의 헌법학계가 지금 이 시간까지도 해결하지 못하고 있는 아주 중요한 헌법적 쟁점이 하나 있어요. 그건 어떤 것이든지 헌법에 담기만 하면 그때는 손댈 수 없는 것인가 하는 문제예요. 헌법에 위반하는 헌법이 존재할 수 있냐 없느냐 하는 문제인 것이죠. 인간 존엄을 이야기하는 제10조를 지금 살펴본 제29조 제2항이 위반하고 있잖아요. 헌법에 위반하는 헌법이 우리 헌법에도 엄연히 존재하고 있는 거예요.

예를 들어 단 하루라도 담배 없이는 행복하지 않은 애연가들이 있어요. 그들에게 보장되는 기본권은 흡연권이에요. 그런데 어떤 이는 담배 냄새만 맡아도 죽을 지경이에요. 이런 이들에게도 기본권이 보장돼요. 혐연권이죠. 흡연권과 혐연권은 모두 기본권인데 서로 충돌하는 권리잖아요. 이럴 때 기본권의 서열 문제가 등장해요. 두 기본권 사이에도 서열이 있습니다. 이때는 혐연권이 더 우선입니다. 공공기관 건물에서 흡연을 못 하게하는 것이 가능한 이유도 혐연권이 흡연권보다 우선하기 때문이에요.

<제29조>

②군인·군무원·경찰공무원 기타 법률이 정하는 자가 전투·훈련등 직무집행과 관련하여 받은 손해에 대하여는 법률이 정하는 보상 외에 국가 또는 공공단체에 공무원의 직무상 불법행위로 인한 배상은 청구할 수 없다.

제29조 제2항이 제한하는 군인, 경찰공무원, 군무원도 사회적 신분입니

다. 그런데 사회적 신분으로 인해서 이들은 차별을 받는 거예요. 앞으로 헌법 개정을 할 때 이 조항은 없애야 해요.

<제30조>

타인의 범죄행위로 인하여 생명·신체에 대한 피해를 받은 국민은 법률이 정하는 바에 의하여 국가로부터 구조를 받을 수 있다.

밤에 길을 가는데 누가 몽둥이로 때려서 쓰러졌다고 가정해볼게요. 어렵게 범인을 찾았는데 그 범인이 걸인이라면 어떻게 하지요? 보험 처리도 안 되고 범인에게서 배상을 받을 수도 없는데 말이에요. 이렇게 타인의 범죄행위로 피해를 입은 국민을 이럴 때는 국가가 구조를 하라는 거예요. 이걸 범죄피해자 국가구조청구권이라고 해요.

제30조에서 이야기하는 생명, 신체 말고도 개인이 입을 수 있는 여러 유형의 손해가 있겠죠. 결국 법원으로 가서 이 억울함을 이야기하는 거예요. 다름 아닌 헌법 제27조에서 규정해놓은 재판청구권입니다.

<제27조>

①모든 국민은 헌법과 법률이 정한 법관에 의하여 법률에 의한 재판을 받을 권리를 가진다.

그렇지만 사회적 약자인 노인·장애인·여성들은 재판을 받는 법원이 생활 근거지에서 멀 경우 재판을 포기하는 비율이 높아진다고 해요. 그래서 모든 이가 평등하게 재판을 받을 수 있는 기본권인 재판청구권을 보장하기 위해서 각 지역에 지방법원을 두는 겁니다. 우리 전북에도 군산·남원·정읍 등에 지방법원지원이 있고, 전주에는 지방법원과 고등재판부가 있잖아요.

<제27조>
②군인 또는 군무원이 아닌 국민은 대한민국의 영역안에서는 중대한 군사상 기밀·초병·초소·유독음식물공급·포로·군용물에 관한 죄중 법률이 정한 경우와 비상계엄이 선포된 경우를 제외하고는 군사법원의 재판을 받지 아니한다.

군인 또는 군무원이 아닌 국민이란 일반 국민을 말해요. 일반 국민은 비상계엄이 선포된 경우에만 군사법원에서 재판을 받는 거예요. 물론 비상계엄 선포 상황이 아닌 경우라 하더라도 국민이 군사상 기밀, 초병, 초소, 유독음식물공급, 포로, 군용물에 관한 죄 중 법률이 정한 경우에는 일반 국민도 군사법원에서 재판을 받아요.

군사법원의 재판을 하는 군판사는 헌법이 정하는 법관이 아닙니다. 법률에 의한 법관이에요. 군인과 군무원은 형사사건의 경우 상시 군사법원의 재판을 받아요. 군사재판을 받게 되면 재판 속도가 빠를 뿐 아니라 일반 법원에서 재판받는 것보다 훨씬 심리적 압박감이 클 수밖에 없어요. 그러면 헌법 제27조가 모든 국민에게 인정하고 있는 재판청구권을 제대로 행사하고 있다고 보기 어려워집니다. 그래서 일반 국민의 경우 평상시에는 군사법원에서 재판을 받지 않게 한 거예요. 10.26 당시 김재규의 신분은 민간인, 즉 일반 국민이었어요. 당시는 계엄상황도 아니었어요. 그런데 군사법원에서 사형을 선고해버리죠. 어떤 부분이 문제가 되는지 이제 아실 거예요.

<제27조>

③모든 국민은 신속한 재판을 받을 권리를 가진다. 형사피고인은 상당한 이유가 없는 한 지체없이 공개재판을 받을 권리를 가진다.

재판은 신속해야 하고, 상당한 이유가 없는 한 지체없이 공개재판을 받을 권리가 있다고 했어요. 공개재판은 형사재판에 해당합니다.

<제27조>

④형사피고인은 유죄의 판결이 확정될 때까지는 무죄로 추정된다.

형사피고인은 유죄의 확정 판결을 받을 때까지는 무죄로 보는 겁니다.

<제27조>

⑤형사피해자는 법률이 정하는 바에 의하여 당해 사건의 재판절차에서 진술할 수 있다.

형사피해자가 자기 사건에 대해 말할 수 있어요. 이걸 형사피해자재판절차 진술권이라고 합니다. 부당하고 억울함을 재판절차에서 말할 수 있게 한 거예요.

국민이 청구할 수 있는 권리 중에는 재산권에 대한 조항도 있습니다. 잘 살펴보아야 하는 부분이에요.

<제23조>

①모든 국민의 재산권은 보장된다. 그 내용과 한계는 법률로 정한다.

②재산권의 행사는 공공복리에 적합하도록 하여야 한다.

③공공필요에 의한 재산권의 수용·사용 또는 제한 및 그에 대한 보상은 법률로써 하되, 정당한 보상을 지급하여야 한다.

개인이 가진 사유지가 있다고 가정해볼게요. 그런데 국토관리청에서 그 토지를 쓰고 싶다면서 개인에게 내놓으라고 할 수 있을까요? 이때 살펴봐야 하는 법률이 헌법 제23조 제3항에 근거해서 만들어진 공익사업을 위한 토지 등의 수용 및 손실보상에 관한 법률입니다. 이에 따르면 토지소유주가 수용을 거부한다고 해도 강제수용이 가능하다는 것이에요. 결국 토지소유주가 적당한 선에서 합의를 하려고 하겠죠. 이걸 법률용어로는 협의수용이라고 합니다.

그러고서 보상금을 주는 것이죠. 이건 국가가 발동한 적법한 권한 행사이기 때문에 불법이 아닌 행위로 보고 보상을 해준다고 하는 거예요.

국가가 배상해줘야 하는 것은 절대적으로 정확하게 배상해줘야 돼요. 그래야 국민들이 편안한 삶을 누릴 수 있으니까요. 국민이 인간 존엄과 평등이 실현되는 사회에서 살아가길 원하는 국가가 되어야 해요. 그리고 그런 국가를 만들려면 그 무엇보다 국민 스스로가 이러한 헌법에서 보장하고 있는 국민의 기본권들에 대해 깊이 이해하고 있어야 합니다. 헌법은 모든 국민이 존엄한 인간으로 살아가길 바라고 있으니까요.

권력분립의 원칙, 국가권력은 견제와 균형을 이뤄야 한다

Pacta Sunt Servanda

대한민국 헌법 <제65조>

①대통령·국무총리·국무위원·행정각부의 장·

헌법재판소 재판관·법관·중앙선거관리위원회 위원·

감사원장·감사위원 기타 법률이 정한 공무원이

그 직무집행에 있어서 헌법이나 법률을 위배한 때에는

국회는 탄핵의 소추를 의결할 수 있다.

권력분립의 원칙, 국가권력은 견제와 균형을 이뤄야 한다

문득 가슴이 뭉클하네요.

방금 저에게 꽃다발을 전해준 학생 가슴에 제가 늘 달고 다니는 것과 똑같은 모양의 노란 리본이 달려 있어요. 세월호 참사를 기억하는 마음이 저랑 같다는 거잖아요.

인간에게는 이렇게 다른 사람의 가슴을 움직이는 힘이 있어요. 마찬가지로 국가에게도 힘이 있어요. 힘이 없는 국가의 운명은 몹시 비참해요. 그 나라의 국민은 더 말할 것도 없죠. 조선왕조가 만약 힘이 있었다면 1910년 8월 29일 경술국치庚戌國恥 그렇게 허무하고 비참하게 무너지진 않았을 거예요. 1894년 동학농민혁명 때 얼마나 많은 농민들이 무참하게 죽었는지 알 거예요. 이곳 임실 농민들도 그때 많이 죽었지요. 국가의 힘이 약해지면 그 속에 살고 있는 인간의 삶이라는 것은 그렇게 아주 비참해지는 기에요.

국가에도 힘이 필요해요. 국가에 힘이 있어야 국민의 삶도 건강하고 안전해져요. 우리 헌법 전문에 "우리들과 우리들의 자손의 안전과 자유와 행복"이란 표현이 있어요. 국가는 24시간 경계를 하면서 국민 한 사람, 한 사람이 안전하고 자유롭게 그리고 행복하게 살 수 있도록 해줘야 되는 거예요.

독일 연방헌법재판소는 이런 말을 했어요.

국민의 생명을 보호하는 것은 국가 권력의 제1책무다.

국민의 생명을 보호하는 것은 많은 국민의 생명이 아니라 한 사람 한 사람 국민 개개인의 생명을 보호하는 거예요. 이걸 제대로 이행하지 못하면 국가는 국가로서의 가치가 없는 거예요. 그래서 국가에도 힘이 필요한 거죠. 국가가 가지고 있는 힘을 가리켜 국가권력이라고 해요.

대한민국의 국가권력이 제대로 움직이도록 국민은 자신이 가진 것을 기꺼이 희생해요. 이를 테면 내가 땀 흘려 번 돈을 국가에 세금으로 내지요. 귀한 시간을 들여 국방의 의무를 다하기도 해요. 국가에게 병력을 제공하는 거예요. 내가 그만큼 희생해야 나를 포함해서 모든 국민들이 안전하고, 자유롭고 행복하게 살 수 있다는 것을 전제로 하는 거죠.

우리나라 국가권력은 크게 세 가지로 나눌 수 있어요.

입법, 사법, 행정.

이때 국가권력의 순서를 잘 살펴봐야 돼요. 입법이 가장 먼저 나와요.

<제40조>

입법권은 국회에 속한다.

우리 헌법은 국민대의기관으로서 법률을 만드는 국회의 입법권을 가장 중요하게 보고 있어요. 그래서 국가권력에서도 그 순서가 가장 앞에 있습니다. 우리뿐 아니라 대부분의 나라에서 입법권을 가장 강조해요.
다음은 행정권이에요.

<제66조>

①행정권은 대통령을 수반으로 하는 정부에 속한다.

헌법 제66조 제4항은 행정권에 대한 직접적인 설명을 하고 있는 조항이에요. 헌법 교수들은 행정권이라고 하지 않고 집행권이라고 해요. 마지막으로는 사법권이에요

<제101조>

①사법권은 법관으로 구성된 법원에 속한다.

흔히 사법권을 가리켜 국민의 기본권을 보호하는 최후의 보루라고 해

요. 사법권은 국가권력의 맨 뒤에서 입법권과 행정권을 지그시 바라보고 있는 거죠. 보통 이렇게 입법, 행정, 사법의 순서로 국가권력을 말하지만, 우리 헌법 역사에선 행정권이 먼저 등장할 때도 있었어요. 바로 1972년 유신헌법 때예요. 국민의 뜻을 대표하는 대의민주주의인 우리나라에서 입법권보다 행정권이 먼저 나온다면 그건 어딘가 잘못된 나쁜 헌법인 거죠.

유신헌법 때는 대통령의 권한이 맨 앞으로 나왔어요. 입법권, 행정권, 사법권의 순서가 아니라 행정권이 국가권력의 맨 앞에 나와 있으니 그 헌법은 질서를 깨뜨린 나쁜 헌법이라고 보면 돼요. 유신헌법을 지금도 사람들이 비판하는 이유가 바로 국가권력의 균형을 깨뜨렸기 때문이에요.

여러분도 학급에서 학급회의를 하잖아요. 그런데 학급의 실장 혼자서 회의를 자기 맘대로 해버리면 어떻게 되겠어요? 그 반의 힘이 실장 한 사람에게 집중되는 거예요. 그렇게 되면 그 반의 다른 학생들이 행복하지 않잖아요. 실장은 지혜롭게 학급을 이끌어야 하고, 나머지 학생들은 실장이 잘하도록 협력하면서도 견제하는 역할을 해야 하는 거죠.

국가의 세 권력도 서로 그 힘의 균형Balances을 유지해야 돼요. 그리고 서로를 감시해야 돼요. 국회가 법률로 규정해 주지 않았는데 정부가 하려 든다든지 혹은 헌법상 이런 법률은 만들 수 없는데 국회가 법률을 만들었다든지 하는 부분들을 서로 감시해야 돼요. 이렇게 서로를 감시하게 하는 것을 가리켜 견제라고 하고, 앞의 균형과 합해서 견제와 균형의 원칙 Principle of Checks and Balances이라고 해요.

"국가권력은 서로 견제와 균형을 해야 한다."는 말을 한 사람이 프랑스의 몽테스키외Montesquieu, Charles De예요. 몽테스키외라는 이름은 여러분도 사회 시간에 들어봤을 거예요. 몽테스키외가 그의 책 〈법의 정신〉에서 이렇게 말했는데 이 이론을 헌법에 그대로 반영한 나라가 있어요. 몽테스키외가 프랑스학자니까 프랑스 시민혁명 때 이 이론을 받아들이지 않았을까 많이들 생각하는데 그렇지 않아요.

1789년 프랑스에서 부르주아 혁명Bourgeois Revolution이 일어나기 2년 전에 몽테스키외의 이론을 받아들여 헌법을 만든 나라가 바로 미국이에요. 이 원칙을 권력분립의 원칙이라고 하는데 이때 분립은 Separation, 정확하게는 분리예요. 권력분립의 원칙보다는 권력분리의 원칙이라는 표현이 더 정확해요. 권력끼리 떼어놓는다는 뜻으로 이해하면 더 쉽겠지요.

즉 권력분립의 원칙은 국가의 세 가지 권력이 서로 싸우도록 하는 거예요. 삼권이 계속 싸우면서 국민의 기본권을 침해 못하도록 한다는 거예요. 물론 몽테스키외의 시대만 하더라도 국가가 개인의 삶을 침해할 일이 많지 않았어요. 국가는 단순하게 국토방위와 치안유지만 하면 됐어요.

그래서 당시 국가를 야경국가Watchdog State라고 했어요. 하지만 현대사회에선 국가가 야경만 하는 게 아니라 국민의 삶이 행복해지도록 각종 복지정책을 펴죠. 사회 약자를 보호하고 국민의 삶을 편안하게 만드는 일을 국가가 하는 것이죠. 따라서 현대국가에 들어와서는 단순하게 국가권력을 떼어놓는 데서 끝나는 것이 아니고 국가권력이 서로 협력하길 기대해요.

<제54조>

①국회는 국가의 예산안을 심의·확정한다.

만약 정부가 예산안을 편성해서 국회에 제출했는데 국회가 이를 내버려 둔다면 정부가 제 일을 할 수 없겠죠. 국회가 예산안을 심의·확정해주는 일을 해야 한단 말이에요. 이걸 국가권력 사이의 협력이라고 해요.

<제52조>

국회의원과 정부는 법률안을 제출할 수 있다.

원래 대통령제 정부형태에서는 국회의원만 법률안 제출권을 가지고 있어요. 우리나라는 국회의원만 있는 게 아니라 정부도 법률안 제출권을 가지고 있어요. 원래 대통령제 정부형태에서는 국가권력끼리 역할을 철저하게 분리시켜놔요. 대표적인 대통령제 나라인 미국의 연방헌법에서는 법률안 제출권을 국회의원만 행사할 수 있도록 해놨기 때문에 정부는 법률안을 제출할 수 없어요.

만약 미국의 오바마 대통령이 어떤 분야의 개혁을 하고 싶다면 어떻게 할까요. 정부는 법률안을 낼 수 없잖아요. 오바마정부의 장관, 차관, 국장 등 관련자들이 법률안의 초안을 만들어서 대통령이 소속된 민주당의 해당 분야 전문가에게 넘겨줘요. 정부는 법률안을 제출할 수 없으니까 국회가 대신 해주세요, 라는 형식을 취하는 거죠.

대통령제 정부형태에서는 대통령 임기가 확실하게 헌법으로 정해져 있어요. 미국 대통령 임기는 4년, 미국은 중임해서 최대 8년까지 할 수 있어요. 헌법이 대통령의 임기를 보장해주는 거예요. 그렇지만 의원내각제인 일본이나 독일의 수상은 그런 보장이 없고 언제든지 잘못하면 바로 자리에서 내려와야 돼요. 이렇게 국회에서 의결을 해서 끌어내리는 걸 내각 불신임권이라고 해요.

그러면 우리는 대통령 임기 5년 동안 대통령이 무슨 잘못을 하더라도 임기 끝날 때까지 기다려야 할까요. 아니에요. 우리 헌법에는 탄핵제도가 있어요.

〈제65조〉

①대통령·국무총리·국무위원·행정각부의 장·헌법재판소 재판관·법관·중앙선거관리위원회 위원·감사원장·감사위원 기타 법률이 정한 공무원이 그 직무집행에 있어서 헌법이나 법률을 위배한 때에는 국회는 탄핵의 소추를 의결할 수 있다.

②제1항의 탄핵소추는 국회재적의원 3분의 1 이상의 발의가 있어야 하며, 그 의결은 국회재적의원 과반수의 찬성이 있어야 한다. 다만, 대통령에 대한 탄핵소추는 국회재적의원 과반수의 발의와 국회재적의원 3분의 2 이상의 찬성이 있어야 한다.

③탄핵소추의 의결을 받은 자는 탄핵심판이 있을 때까지 그 권한행사가 정지된다.

미국에도 대통령 탄핵제도가 있어요. 리처드 닉슨Richard Nixon 대통령 이야기예요. 당시 대통령 선거 기간에 대통령의 소속정당인 공화당의 누군가가 민주당 사무실에 도청기를 설치했어요. 이 사실이 알려지면서 하원과 상원에서 엄청난 파문이 일었어요. 하원에서는 곧바로 닉슨 대통령에 대한 탄핵소추를 의결했죠. 이제 상원만 의결하면 바로 탄핵되는 상황에 놓인 거죠. 이걸 이른바 워터게이트Watergate 사건이라고 하는데, 그때 닉슨 대통령이 "불명예로 물러날 순 없다. 그냥 내려가겠다."하고, 하야 Step Down했어요. 탄핵제도란 참으로 무서운 것이죠. 민주주의는 이렇게 자신의 말과 행동에 책임을 지는 책임정치예요. 책임을 제대로 이행하지 못한 경우 그에 따른 책임을 물을 수 있는 거예요. 이런 점에서 보면 대통령제와 의원내각제 중 대통령제가 더 확실하게 책임을 묻는 제도라고 할 수 있겠지요.

마지막으로 살펴볼 국가권력은 사법권이에요. 사법권이 자기 역할을 제대로 해줘야 되는데 법원에서 유전무죄 무전유죄 이렇게 하면 어떻게 될까요. 법원의 판결을 믿을 수 없게 되겠죠. 그래서 입법권, 행정권, 사법권을 통제하는 또 하나의 권력이 필요해요.

바로 헌법재판이에요. 헌법재판은 이 세 개의 권력을 통제해요. 독일에서는 법원에서 판결 선고를 해도 소송 당사자가 판결대로 할 경우 자신의 기본권이 침해당한다고 생각하면 헌법재판소에 헌법소원심판을 청구할 수 있게 돼 있어요. 굉장히 치밀하죠.

우리나라에도 헌법재판이 있어요.

<제111조>
①헌법재판소는 다음 사항을 관장한다.
  1.법원의 제청에 의한 법률의 위헌여부 심판
  2.탄핵의 심판
  3.정당의 해산 심판
  4.국가기관 상호간, 국가기관과 지방자치단체간 및 지방자치단체 상호간의 권한 쟁의에 관한 심판
  5.법률이 정하는 헌법소원에 관한 심판

이때 제4호는 줄여서 권한쟁의심판이라고 하는데, 헌법재판소에서 하는 다섯 가지 재판을 가리켜서 헌법재판이라고 해요.

미국은 헌법재판소가 없고 연방대법원Federal Supreme Court만 있어요. 이 연방대법원에서 헌법재판을 해요. 미국처럼 헌법재판소가 없는 나라는 헌법재판이 존재하지 않는다는 게 아니라 따로 헌법재판소가 없어도 헌법재판을 그 나라 최고법원에서 해요. 프랑스는 헌법평의회에서 헌법재판을 해요. 미국은 연방대법원에서 헌법재판을 하고, 일본은 최고재판소에서 헌법재판을 하고, 독일은 연방헌법재판소와 각 주에서도 헌법재판을 해요. 러시아·폴란드 할 것 없이 다 헌법재판을 해요. 따라서 지구상에 헌법재판을 하지 않는 나라는 없다고 말할 수 있어요. 차이가 있다면 일반 법

원에서 하는기 혹은 헌법재판소에서 하는가의 차이일 뿐이에요.

2016년 4월 13일에 제20대 국회의원 총선거를 했지요. 국회의원 총 300명 가운데 여당 국회의원이 122명이고, 나머지 178명이 야당과 무소속 국회의원이에요. 대부분의 사람들은 권력을 정부와 여당만 갖는다고 생각하지만 야당도 권력을 갖고 있어요. 전통적인 권력분립이론에선 국가권력을 입법권, 행정권, 사법권으로 말했지만 현대에 와서는 이 삼권뿐 아니라 여당과 야당 사이도 권력분립을 한다고 보고 있어요.

그뿐만이 아니에요. 중앙정부에 권력이 있듯이 지방정부에도 권력이 있어요. 입법권, 행정권, 사법권이라는 전통적 권력분립의 원칙에서 또 다시 여당과 야당의 권력이 나뉘고, 중앙정부와 지방정부의 권력이 나뉘어요. 치밀하죠. 그러면서 동시에 권력 내에서 다른 권력을 통제해요.

<제97조>
국가의 세입·세출의 결산, 국가 및 법률이 정한 단체의 회계검사와 행정기관 및 공무원의 직무에 관한 감찰을 하기 위하여 대통령 소속하에 감사원을 둔다.

우리 헌법은 이렇게 대통령 소속하에 감사원을 두어서 정부의 권력을 감시하는 역할을 맡기고 있어요. 이때 감사원의 역할은 세입·세출의 결산을 살펴보고 회계검사와 직무감찰의 일을 해요. 감사원은 작게는 직원들의 직무감찰부터 회계 검사, 장부 정리를 살피는 것뿐 아니라 대통령 비서실까지도 들여다볼 수 있는 것이에요. 감사원의 역할이 굉장히 중요하죠. 그래서 감사원이 대통령 소속이긴 해도 감사원의 감사 업무에 대해서는 대통령도 지시를 할 수 없어요.

또한 정부 내에는 검찰이 있어요. 입법권, 행정권, 사법권으로 나눌 때 검찰은 셋 중 행정권에 속해요. 검찰은 범죄수사를 하고 범죄사실이 있는 경우는 재판에 회부해요. 이것을 가리켜서 기소라고 해요. 이때 검찰이 가지는 두 가지 권한은 수사권과 기소권이에요. 검사가 수사를 하는데, 대통령이나 장관이 이 일에 개입하면 안 되겠지요. 그래서 검찰의 수사에서 가장 중요한 것은 중립성이에요. 검찰이 어떤 상황에서도 중립성을 지킬 수 있어야 올바른 수사를 할 수 있는 거예요.

사법권은 검찰이 기소한 내용이 옳은지 아닌지를 판단하는 일을 해요. 이걸 재판권이라고 하는데, 사법권은 중립성 대신 독립성이라는 표현을 써요. 사법권이 올바른 판단을 할 수 있도록 독립된 기관으로서 역할을 하게 하는거죠.

이렇게 여러 가지 장치를 두면서 우리 헌법은 국가권력이 국민의 기본권을 침해하거나 자신의 멋대로 권력을 휘두르는 일이 없도록 견제와 균형의 역할을 하게 하는 거예요. 국가가 국민을 보호하고 지키는 일을 하는데 최선을 다하는 것은 국민을 위한 국가의 당연한 의무이자 책임인 것이지요.

국회는 국민을 대표한다

⚖

Pacta Sunt Servanda

대한민국 헌법 <제44조>

---

①국회의원은 현행범인인 경우를 제외하고는

회기중 국회의 동의없이

체포 또는 구금되지 아니한다.

국회는 국민을 대표한다

　오늘은 '국회'에 대해 이야기해 볼까 합니다. 국회는 법률을 만들기 때문에 국회가 가진 권한을 입법권이라고도 합니다. 어느 나라든지 헌법을 처음 만들 때 가장 고민하는 게 국가권력을 어떻게 나눌까 하는 것입니다. 그 누구에게도 힘을 몰아주지 않고 국가권력의 균형을 위해 노력하는 것이죠.

　우리나라는 1919년에 처음 헌법을 만들고 이후 1948년에 다시 헌법을 만들었습니다. 우리가 헌법을 만들 때 특히 많이 참고한 게 미국연방헌법과 독일연방헌법입니다. 권력분립에 관한 것은 미국연방헌법을, 기본권에 대한 것은 주로 독일연방헌법을 참고했죠. 미국연방헌법 역시 처음 만들어질 때는 프랑스의 헌법학자 몽테스키외의 권력분립 이론을 바탕으로 했고요.

　처음 영국에서 미국으로 메이플라워 호를 타고 신대륙으로 건너온 이주민들이 여러 개의 주를 만듭니다. 주는 영어로 'State'인데 영어사전에는 '국가'라고 되어 있지요. 미국에서는 처음 만들었던 열 세 개의 주 하나하나를 모두 국가로 보았단 뜻입니다.

2016년 한 방송에서 텍사스 주가 독립을 계획한다고 하더군요. 원래 텍사스 주가 멕시코 땅이었는데 멕시코로부터 독립하면서 하나의 공화국을 만들었다는 거예요. 그런데 텍사스 주민들이 생계가 어려우니 미국에 포함되기를 원했던 겁니다. 시간이 흘러 이제는 거꾸로 독립을 원하는 것이 되었고요. 미국도 골치 아프겠죠.

미국 의회는 두 개의 의회인 상원과 하원으로 되어 있습니다. 처음 시작할 때만 해도 단원제로 시작했지만, 큰 주가 작은 주를 끌어들여서 연방으로 만들려 하고, 작은 주는 큰 주에 포함되기를 거부하니까 의원 수를 똑같이 배정한 겁니다. 그게 상원입니다. 민주주의는 기본적으로 힘의 균형을 지향합니다. 큰 주나 작은 주나 똑같이 두 명으로 하게 되면 문제가 생기겠죠. 그래서 하원을 만들어 인구비례로 의원을 구성하자는 생각을 하게 된 것이죠.

처음 인구기준을 3만 명 단위로 정했다고 해요. 그런데 인구가 계속 늘어나서 나중에는 60만 명으로 하게 됐어요. 지금 미국 연방의회 하원은 국회의원수가 435명이에요. 상원은 주에 두 명씩이니까 50개 주에서 총 100명의 국회의원이 나오는 것이죠. 상원은 2년마다 3분의 1 선거를 하고, 하원은 2년마다 총선거를 합니다. 상원의 경우 2년마다 3분의 1씩 바꾸어 상원의원 모두가 한 번에 달라지는 일이 없도록 하고 있습니다.

미국에서는 두 의회의 힘이 서로 균형을 이루고 있는데 중요한 사안에 대해서는 상원이 견제를 합니다. 예를 들어서 미국 연방대법관, 연방대법원장은 대통령이 임명권을 가지고 있되 연방대법원장에 대한 인사청문회를 상원이 하는 거죠. 이런 식으로 하원보다 상원의 힘이 좀 더 강하게 한 유일한 나라가 미국입니다.

일본은 참의원과 중의원으로 되어 있어요. 대개 연방국가에서 양원제를 하는데 이례적으로 일본은 단일국가임에도 불구하고 양원제를 하고 있습니다. 일본은 하원에 해당하는 중의원이 더 강한 힘을 갖고 있어요. 영국도 마찬가지로 귀족원과 서민원이 있는데 귀족원은 큰 힘을 발휘하지 못해요. 예를 들어서 수상은 귀족원과 상관없고 하원인 서민원에서 선출하는거예요.

독일은 연방참의원(상원)과 연방의회(하원)로 구성돼 있습니다. 이게 양원제인가 단원제인가 하는 문제가 생기는데, 연방참의원은 선출직이 아니고, 16개 란트land에서 공무원을 파견하는 식이에요. 그래서 선출직이 아닌데 이런 형태를 국민의 대표기관인 의회라고 할 수 있겠냐 하는 문제가 생기는 거죠. 현재 한국의 헌법학 책에도 학자에 따라 양원제라고 하기도 하고, 단원제라고 하기도 해요. 독일에 있을 때 헌법교수한테 한번 물어봤는데, 저를 보고 씨익, 웃어요. "그게 뭐가 중요합니까." 그렇죠. 본질은 그게 아니라 국민의 뜻을 전달할 수 있는가 하는 것이죠. 우문현답이었어요.

우리나라는 단원제로 출발했다가 장면 내각 때 참의원, 민의원 제도가 들어오는데 5.16 군사쿠데타 이후 사라지죠. 우리 헌법은 제40조부터 제65조까지 스물여섯 개의 조항이 국회에 대해 이야기하고 있어요.

흔히 3권 분립을 말할 때 입법권, 행정권, 사법권을 말합니다. 국회는 법률을 제정할 수 있는 법률제정권을 갖고 있고, 정부는 법률을 집행하는 법률집행권을 갖고 있습니다.

<제40조>

입법권은 국회에 속한다.

헌법 이론적으로 국민에게 가장 깊이 신뢰를 주는 데가 바로 의회입니다. 그래서 국회를 가리켜 국민의 대의기관, 대표기관 이렇게 말합니다. 국민이 국회의원들을 선출한 것을 헌법 이론에서는 국민이 '신뢰'를 부여한다고 보는 것이고요. 만약 국민의 신뢰를 저버리게 되면 유권자인 국민은 다음 선거에서 낙선시키겠죠. 그래서 어느 나라든지 국회의원에 대한 선출 횟수 제한이 없습니다. 신뢰는 쌓이면 쌓일수록 더 힘이 있는 거니까요.

<제41조>

①국회는 국민의 보통·평등·직접·비밀선거에 의하여 선출된 국회의원으로 구성한다.

이걸 가리켜 선거의 4대 기본원칙이라고 합니다. 보통선거는 모든 국민을 선거권자라고 보는 것입니다. 방금 태어난 아기조차 선거권자로 보는 것이죠. 물론 방금 태어난 아기한테 선거권을 주면 실제적으로는 투표권 행사가 어렵지요. 그래서 그 범위를 한정합니다. 일정한 나이가 되지 않은 사람, 금치산자, 형의 확정판결을 받고 교도소에 복역 중인 수형자 등은 선거에 참여할 수 없도록 제한합니다. 개인적으로는 수형자까지 제한할 필요는 없다고 봐요. 수형자라고 해서 왜 선거권까지 제한하는지 이해하기 어려워요.

이렇게 유권자의 범위가 확정되면 유권자가 가지고 있는 표에 평등의 원칙이 적용됩니다. 누구나 한 표씩 표를 갖는 숫자의 평등이죠. 그런데 여기서도 한 가지 문제가 생깁니다. 똑같이 한 표를 가질 때 그 표의 비중이 같아야 한다는 전제조건이 있는데, 어느 선거구는 유권자 수가 2만 명이고 어느 선거구는 유권자수가 20만 명이라면 실질적으로는 20만 명에 속해 있는 유권자가 행사한 표가 더 낮게 평가받는 것이에요. 그래서 평등선거 원칙 중에는 숫자만 평등한 게 아니라 결과의 가치도 평등해야 한다는 거예요. 결과의 가치까지 평가한다면 모든 선거구의 유권자수가 비슷해야 한다는 결론에 이르게 됩니다.

그렇다면 다른 나라는 어떻게 하고 있을까요.

독일은 연방선거법에 "선거구의 인구편차가 33과 3분의 1퍼센트를 초과하면 위헌"이라고 했습니다. 우리는 헌법재판소가 "선거구 인구편차가

2대 1을 초과할 수 없다."고 했어요. 선진국에서는 우리나라보다 상당히
좁게 편차를 인정하는 겁니다. 선진국은 우리처럼 정치·경제·사회·문화의
모든 힘이 수도권에 집중하는 일이 없기 때문에 이게 가능한 거예요. 대부
분의 선진국들은 도시 대부분에 힘이 고르게 나눠져 있죠.

선거에서 당선된 국회의원은 그를 지지하고 뽑아준 유권자들을 대표하
는 대표자가 됩니다. 그런데 그렇지 않고 뽑아주지 않은 나머지 사람들의
대표자라고도 할 수 있을까요? 가령 남원·순창·임실에서 여러 명의 후보
가 선거에 출마할 때 당선자 한 사람의 득표율이 40퍼센트라고 하면 나머

지 60퍼센트의 지지는 못 얻었다는 뜻이에요. 나머지 60퍼센트의 유권자들은 자신의 대표를 내지 못한 것이 되는 거죠. 그렇게 따진다면 전국적으로 자신의 뜻을 대표할 대표자를 내지 못하는 국민이 매우 많아진다는 셈이죠. 그래서 이 부분을 보완하기 위한 조항이 있어요. 바로 비례대표제 조항입니다.

<제41조>
②국회의원의 수는 법률로 정하되, 200인 이상으로 한다.
③국회의원의 선거구와 비례대표제 기타 선거에 관한 사항은 법률로 정한다.

제41조 제3항에 따라 비례대표제를 하게 되면 제1당, 제2당, 제3당, 제4당 모두 당선자를 낼 수 있게 됩니다. 제20대 총선에서 정의당에서도 비례대표를 낸 것처럼 말입니다.

현재 우리나라의 지역구 선거는 다수대표제이고, 정확하게는 상대보다 한 표만 더 많으면 되는 상대다수대표제입니다. 그렇지만 민주주의 원칙을 제대로 구현하기 위해서는 다수뿐만 아니라 소수도 자신의 대표를 낼 수 있도록 해야 된다는 거죠. 국민이 가지고 있는 정치적 지향성은 다양하고, 그 다양성은 존중받아야 한단 말이에요.

이걸 가장 잘하고 있는 나라가 독일이에요. 독일은 연방의회(하원) 절반은 지역구로, 절반은 비례대표로 뽑습니다. 국민을 위해서라면 우리도 비례대표 의석을 더 확대해야 돼요.

이렇게 해서 국회가 구성되면 국회가 행사할 수 있고 행사해야 하는 권한이 있어요. 바로 법률제정권입니다. 그다음 정부 예산을 살펴보는 예산안심의의결권입니다. 재정에 관한 권한이에요. 또 국정통제권이 있어요. 대법원장·헌법재판소장·감사원장·대법원장, 대법관 등 중요한 헌법기관에 대해서는 국회가 반드시 통제하도록 되어 있어요. 이걸 임명동의권이라고 합니다. 국회는 동의권을 행사하기 위해서 인사청문회를 하는 거예요.

국회의원을 선출할 때는 국민이 신뢰를 주는 것이라고 앞에서 언급했지요. 국민을 대신해서 한 사람, 한 사람 공직 후보자에 대해 검증하기 어려우니까 우리들의 대표인 당신 국회의원이 해주세요, 라고 국민들이 대신 준 권한인 것이죠.

<제64조>
①국회는 법률에 저촉되지 아니하는 범위 안에서 의사와 내부규율에 관한 규칙을 제정할 수 있다.
②국회는 의원의 자격을 심사하며, 의원을 징계할 수 있다.
③의원을 제명하려면 국회재적의원 3분의 2 이상의 찬성이 있어야 한다.

국회에 준 권한 중 하나인 국회의 자율권을 설명한 조항들입니다. 국회의원을 제명할 경우 주권자인 국민이 선출했는데, 그 사람을 국회가 맘대로 제명하면 안 되겠죠. 그래서 재적의원 3분의 2 이상의 찬성을 얻도록 해요. 옛날에 고 김영삼 대통령이 국회의원일 때 국회에서 제명 의결했잖아요.

<제64조>
④제2항과 제3항의 처분에 대하여는 법원에 제소할 수 없다.

제소는 소송의 제기를 줄여서 하는 말로, 이 처분에 대해서는 법원도 손 댈 수 없다는 것을 말하고 있는 거예요. 국회가 자율적으로 결정한 내용을 법원이 참견하지 말라는 것이죠. 우리 헌법에서 법원에 소를 제기할 수 없 다고 한 조항은 제64조 제4항 딱 하나예요. 국회의 의결은 그대로 법원도 존중해 주는 거예요.

이런 권한을 주는 이유가 뭘까요. 국회의원들은 곧 국민의 대표자이니 까 자유롭게 국회의원으로서 활동하라는 뜻이죠. 과거 독재정권 때는 정 부가 국회의원들을 협박, 감금하고 고문까지 한 전력이 있죠. 국회의원들 이 마음껏 의정활동을 하기 위해서는 이들을 헌법으로 특별히 보호할 필 요가 있는 겁니다.

어느 나라든지 국회의원에게 두 개의 특권을 부여합니다. 불체포특권과 면책특권이 바로 그것입니다. 이 두 특권은 국회의원 개인을 보호하기 위 한 특권이 아니고 국회의 헌법상의 기능을 보호하기 위한 것이에요. 국회 의 헌법상 기능이 법률을 제정하는 것, 재정에 관한 통제를 하는 것, 국정 에 관한 통제를 하는 것이니까 이런 활동들을 잘하라고 헌법으로 보호해 주는 거예요. 우리 헌법은 제44조와 제45조에서 이 특권들을 인정하고 있어요. 그런데 문자 그대로 해석하자면 국회의원의 특권은 헌법 제11조 제1항과 충돌할 수 있어요.

<제11조>

①모든 국민은 법 앞에 평등하다. 누구든지 성별·종교 또는 사회적 신분에 의하여 정치적·경제적·사회적·문화적 생활의 모든 영역에 있어서 차별을 받지 아니한다.

국회의원은 사회적 신분이고, 일반 국민들은 이런 특권을 못 누리잖아요. 그럼에도 불구하고 이런 걸 넘어서서 국회의원에게만 특권을 주는 거예요. 국회의 헌법적 기능이 제대로 행사되도록 하기 위해서 말이에요. 그렇기 때문에 국회의원들은 헌법에서 기대하는 제대로 된 역할을 충실히 해나가기 위해 노력해야 하는 것이죠.

<제44조>

①국회의원은 현행범인인 경우를 제외하고는 회기중 국회의 동의없이 체포 또는 구금되지 아니한다.

현행범인에 대해서는 부당한 체포나 구금에 대한 염려가 없지요. 현행범인인데도 불체포특권을 줄 수는 없기 때문에 국회의원이어도 현행범인인 경우는 제외한다고 말한 것입니다.

현행범인이 아닌 국회의원을 체포·구금하려면 반드시 국회가 동의를 해야 됩니다. 국회 본회의가 동의를 해줘야 하는데, 재적의원 과반수 출석과 출석의원 과반수 찬성으로 동의를 해야 해요.

<제44조>

②국회의원이 회기 전에 체포 또는 구금된 때에는 현행범인이 아닌 한 국회의 요구가 있으면 회기 중 석방된다.

국회가 회기 중에 있는데 어느 국회의원이 범죄 혐의로 체포 또는 구금이 되면 국회 본회의가 해당 국회의원의 석방을 요구했다가 회기가 끝나면 다시 체포·구금하는 거죠.

앞에서 살펴본 제44조의 제1항은 사전적 불체포특권, 제2항은 사후적 불체포특권이라고 부릅니다. 이 불체포특권은 국회가 국민의 눈높이에 맞게 판단해야 해요. 누가 봐도 저것은 과도한 보호라는 판단이 들어가서는 안 돼요. 그래서 자율권이라고 하는 것은 거기에 상응하는 무거운 책임이 따라가는 거예요. 이것을 과도하게 행사할 때는 바로 국민의 비판을 면할 수가 없다는 거예요.

<제45조>

국회의원은 국회에서 직무상 행한 발언과 표결에 관하여 국회외에서 책임을 지지 아니한다.

다만, 이 조항은 국회의원이 발언권을 얻어서 한 발언만 해당돼요. 사적인 발언에 대해서는 면책특권을 누릴 수 없지요. 이는 국회라는 공간에서 발언한다는 의미가 아니기 때문에 공간적 개념이 아니라 기능적 개념이라고 해요. 또한 법적 책임은 물을 수 없지만 국회가 정치적 책임은 물을 수 있어요. 앞에서 본 헌법 제64조 국회의 자율권에 따라 국회에서는 해당 의원에게 제명처분을 내릴 수 있어요. 재적의원 3분의 2 이상 찬성, 즉 가중다수예요.

이때 제명처분에 대해서는 법원에 소송도 낼 수가 없습니다. 그만큼 국회 내의 책임은 무겁다는 거예요. 정당 내에서도 그 의원에게 징계 처분할 수 있어요. 이것은 헌법 제8조 제2항에 따라서 당내 민주주의에 근거해서 인정되는 거예요.

헌법 제45조의 발언·표결의 자유는 일명 면책특권이라고도 합니다. 국회의원이 발언대에 서잖아요. 그때는 무슨 말을 해도 법적 책임을 물을 수 없어요. 대통령에 대해서 엄청나게 비난을 한다고 해도 할 수가 없어요. 1969년 고 김영삼 대통령이 국회의원 시절에 상도동 자택서 출근하려고 승용차에 탄 겁니다. 그런데 젊은 남자 몇 명이 차에 붙어서 문을 열려고 하다가 안 열리자 초산이 든 병을 던졌어요. 이른바 김영삼 신민당 총재 초산 테러 사건이에요.

그날 저녁 국회 본회의가 열렸죠. 거기서 김영삼 총재가 이렇게 말을 했어요. "박정희와 이후락은 살인범"이라고 했어요. 보통 때의 발언이라면 명예훼손에 해당하잖아요. 그런데 발언권을 얻어서 한 말이기에 제45조에 해당하는 면책특권이 적용된 것이죠.

그러고 나서 전국을 돌면서 규탄대회를 할 때예요. 제가 고등학교 때인데 교복까지 버젓이 입고 김영삼 총재가 규탄대회를 하는 곳에 갔었죠. 그때 이런 말을 하더라고요. "박정희와 이후락은 살인범이다." 순간 그 어린 나이에도 직감했죠. 저건 면책특권에 해당되지 않는데? 그런데 중요한 건 그다음입니다. 김영삼 총재가 이렇게 말하더라고요. "박정희와 이후락은 살인범이다, 라는 말을 국회에서 했더니 공화당 의원들이 막 소리치고 그랬습니다."라고. 재미있죠. 정말로 교묘하게 피해간 거죠.

그런데 국회자율권이라고 하는 것은 아무런 감시·통제를 받지 않는 자율권이 아니고 항상 헌법과 국민이 지켜보고 있으니 그에 맞게 행사를 해야 된다는 거예요. 그래야 국회의원과 국회에 대한 신뢰가 쌓인다는 거예요.

국회가 행사하는 권한 중에 공무원들이 무척 힘들어하는 것도 있어요. 국정감사, 국정조사예요. 헌법 제61조에 해당하는 겁니다. 국정감사는 정기감사이고 국정조사는 수시조사예요.

<제61조>

①특정한 국정사안에 대하여 조사할 수 있으며,

예를 들어 광주에서 도가니 사건(광주 장애인 학교에서 일어났던 교직원에 의한 지속적인 성폭행 사건)이 일어났어요. 그러면 해당 상임위원회가 국정조사를 할 수 있는 거죠. 국정조사와 국정감사는 다릅니다. 국정감사는 매년 정기적으로 하는 거예요. 국정감사는 다른 나라에서는 찾아보기 어려운 거예요. 국정감사 기간만 되면 국회의원들이 산더미 같은 자료를 요구하면 공무원들은 24시간 대기하고 있다가 갖다줘야 하죠. 다른 나라에서는 정부의 법률집행권이 헌법을 위반해서 행사되는 일이 거의 없다는 전제를 하고 있고, 우리나라는 그렇지 않다는 점에서 보면 생각해볼 것이 많은 부분이죠. 우리는 일상적으로 집행권이 헌법침해를 하니까요.

현재 국정감사에 관한 권한을 국회가 막강한 권력으로 행사하고 있지만 헌법이론적으로는 결코 바람직한 것은 아닙니다. 하지만 국정조사는 당연한 거예요. 국회가 입법권, 재정에 관한 권한, 국정통제권 등을 제대로 행사하려면 국정조사는 반드시 할 수 있어야 돼요. 그래서 국정조사는 헌법에 규정이 없어도 할 수 있도록 되어 있어요. 국정조사권을 가리켜서 헌법학자들은 국회의 본질적 권한이라고 말해요. 본질적 권한이란 이걸 하지 않으면 국회가 아니라는 말과 같은 것이에요. 국정조사권은 반드시 인정되어야 하고 행사해야 되는 것이라는 거죠.

우리나라는 처음 상해임시정부를 세웠을 때는 주석제였어요. 그러다가 1948년 헌법에서 대통령제로 옮겨옵니다. 최초 안은 대통령제가 아니라 의원내각제였어요. 의원내각제의 장점은 국회가 내각을 구성합니다. 그래서 국회의원이 장관이 되는 것은 당연한 것으로 되어 있어요. 대체로 국회의원이 장관이 되고, 국회의원 중에서 수상을 뽑는 것이 당연한 것처럼 되어 있어요.

의원내각제에서는 수상의 임기보장이 없어요. 최대한 국회의원 임기 4년 동안만 수상을 할 수 있죠. 그동안 특별한 문제가 없으면 수상 자리에 있다 내려오는 겁니다. 물론 4년 안에 문제가 생기면 언제든 바로 내려오도록 하는 거예요. 영국의 유럽연합 탈퇴, 즉 브렉시트Brexit가 데이비드 캐머런David Cameron 수상의 선거공약이었다고 하는데, 그는 선거공약을 이행한 거죠. 결과가 혼란스러워 사퇴할 수밖에 없었죠.

대통령 임기 중에 대통령이 실책을 하더라도 제재를 가하기 어려운 우리의 대통령제와 문제가 생기면 바로 수상을 바꾸는 의원내각제는 많이 다르죠. 책임의 문제에서 말이에요. 책임정치를 구현하는 데는 의원내각제가 굉장히 긴밀합니다. 다만 너무 자주 내각이 교체되면 불안정해지기 때문에 대개 의원내각제를 오래 발달시킨 나라를 보면 그렇게 내각을 급하게 교체하지는 않아요.

지금 대통령제를 취하고 있는 나라는 미국·러시아·브라질·페루·필리핀·남아프리카공화국 등입니다. 그래서 "미국에서 꽃을 피운 대통령제는 아시아와 아프리카로 수출되면서 죽음의 키스로 변했다."고 말한 헌법학자도 있어요. 대통령이 독재자로 변할 수 있다는 걸 지적한 거예요. 우리나라도 1948년에 의원내각제로 시작했으면 지금쯤이면 의원내각제가 자리를 잘 잡았을 거예요.

국회가 제 역할과 목소리를 내는 데에 지금부터라도 힘써야 합니다. 국

민이 신뢰를 주고 대표자로 뽑는다는 것은 대의민주주의, 간접민주주의를
기대하는 것이니까요.

대통령과
휘슬러

Pacta Sunt Servanda

대한민국 헌법 <제77조>

①대통령은 전시·사변 또는 이에 준하는

국가비상사태에 있어서 병력으로써

군사상의 필요에 응하거나 공공의 안녕질서를

유지할 필요가 있을 때에는 법률이 정하는 바에 의하여

계엄을 선포할 수 있다.

Pacta Sunt Servanda

대통령과 휘슬러

오늘은 우리 헌법이 규정하고 있는 대통령에 대해서 살펴보려고 합니다. 미국 대통령 이야기로 시작해볼게요. 1969년 제37대 미국 대통령 선거에서 당선된 사람이 리처드 닉슨이에요. 1972년에 제38대 대통령 선거도 닉슨 대통령이 재선을 할 것으로 모두가 기대했어요. 그런데 1972년 6월 17일 엄청난 사건이 하나 터집니다. 이른 아침 미국 민주당 전국위원회 본부가 있는 워싱턴 D.C. 워터게이트 사무실에 몇 사람이 몰래 침입해요. 이들은 도청기를 설치하고 1급 기밀문서를 빼내오려고 한 거였어요. 이미 전에 한 번 실패했는데도 또 시도한 거였죠.

이를 본 경비원이 신고하자 경찰이 곧바로 달려와 그 자리에서 이들을 체포합니다. 어떤 범죄든지 체포 및 구속을 할 때는 영장이 필요합니다. 이걸 영장주의 원칙이라고 하는데, 반드시 사전에 영장을 제시하게 돼 있이요. 다만 이 경우처럼 범행현장에서 현행범으로 체포할 때는 사후 영장이 가능합니다. 그런데 조사 과정에서 현직 대통령인 닉슨이 이 사건에 연루됐는가에 대한 의혹이 떠오른 겁니다. 당시 이걸 〈워싱턴 포스트〉 지의 밥 우드워드Bob Woodward와 칼 번스타인Carl Bernstein이라는 두 젊은 기자가 터뜨립니다. 이 두 사람은 훗날 언론인이 받는 최고의 상인 풀리처상까지 받고, 이 내용을 적은 〈대통령의 모든 남자들〉이란 책도 베스트셀러가 되죠. 이때 그 기자에게 누군가 소스Source를 줬겠죠. 우리말로는 정보원이라고 하는데 이 젊은 기자가 스스로 누군지 밝히지는 않았겠지요.

2000년에 들어와서야 당시의 정보원이 누구였는지 밝혀져요. FBI 부국장으로 있던 마크 펠트William Mark Felt란 인물이 내부고발자A Whistle Blower였다고 합니다.

당시 닉슨 대통령은 평소 백악관에서 집무를 할 때 녹음을 하는 습관이 있었다고 해요. 우연히 알게 된 이 사실을 확실하고 객관적으로 입증할 누군가가 필요했겠죠. 그래서 임명된 이가 아치볼드 콕스Archibald Cox Jr라는 검사예요. 닉슨은 콕스를 특별검사로 임명해요.

콕스 특별검사는 대통령에게 이 테이프를 제출할 것을 요구합니다. 닉슨은 이를 거부하고 법무부장관에게 콕스를 특별검사에서 해임시키라고 해요. 그러자 당시 미국 법무부에 근무하고 있는 수많은 고위공무원들이 한 번에 사표를 내버립니다. 이것이 1973년 8월 20일의 일로 미국에서는 이 일을 토요일 밤의 학살이라고 불러요.

특별검사의 테이프 제출을 거부하던 닉
슨은 연방대법원이 테이프 제출을 명령하
자 그제야 테이프를 제출합니다. 결국 테이
프를 조사하면서 도청사건에 대통령이 연
루된 것을 밝혀냈지요. 하원 법사위원회가
탄핵사유 세 가지(사법 방해, 권력남용, 의
회 모독) 중 첫 번째 사유인 사법방해(증
거인멸)를 인정하는 의결을 하자, 닉슨 대
통령은 1974년 8월 8일 자진해서 사퇴합

닉슨 대통령

니다. 이게 바로 그 유명한 워터게이트 스
캔들입니다. 임기 도중 대통령이 사임한 것은 역사상 최초의 일인 데다
가 미국 역사에 큰 오점을 남긴 것이지요. 미국은 대통령이 자리를 비우
는 궐위의 순간 부통령이 취임선서를 해요. 존 F. 케네디John F. Kenned 대
통령이 암살당했을 때도 린든 존슨Lyndon Baines Johnson 부통령이 비행기
를 타고 가던 중이었는데 비행기 안에서 곧바로 대통령 취임선서를 하지
요. 국가를 이끌어가는 국가원수의 자리는 단 1초도 비우면 안 된다는 거
예요.

워터게이트 사건 때도 제널드 포드Gerald Rudolph Ford Jr가 부통령으로 있
다가 대통령직을 인계받습니다. 그는 대통령에 취임한 지 6주 후에 닉슨
을 사면합니다. 닉슨이 재임 중 저질렀던 모든 범죄에 대해서 사면을 한
거죠. 대신 대배심은 닉슨과 함께 백악관에서 일했던 보좌관 7명을 기소

채요. ㄱ 가운데 두 몇은 교도소에 가게 돼요.

우리나라는 야당 사무실에 도청기 설치한 것 정도로 국가원수가 자리에서 물러나야 하나 생각할지도 모르겠습니다. 대한민국 정치계에서는 이보다 훨씬 부도덕한 일도 아무렇지 않게 자행되어 왔으니까요. 하지만 워터게이트 사건을 통해서 우리 또한 대통령을 비롯하여 정치권에 있는 그 누구에게도 작은 부도덕조차 용인하지 않는 사회가 되어야 한다는 것을 깨달을 수 있는 것입니다.

<제66조>
①대통령은 국가의 원수이며, 외국에 대하여 국가를 대표한다.

대통령은 국가의 원수이며 행정을 이끌어가는 정부 수반이라고 합니다. 당시 미국 연방대법원은 대통령의 특권을 인정하지 않았어요. 그러나 미국과는 달리 우리 헌법에서는 대통령의 형사상의 특권을 인정하고 있어요.

<제84조>
대통령은 내란 또는 외환의 죄를 범한 경우를 제외하고는 재직중 형사상의 소추를 받지 아니한다.

형사상 특권을 인정하는 것입니다. 우리나라에서 이런 사건이 발생하면 검찰이 대통령을 소추할 수 없습니다. 검찰이 소추할 수 없으면 재판도 할 수 없는 것이고요. 부통령 제널드 포드가 닉슨에 이어 대통령이 되면서 취임한 지 6개월 만에 닉슨을 사면했잖아요. 이게 곧 대통령의 사면권이에요. 헌법학자들은 대통령의 사면권을 군주주의 시대의 유물이라고 말합니다.

미국에서 대통령의 존재는 영국의 왕과 비슷합니다. 군림하는 성격을 갖고 있기 때문이에요. 미국을 개척했던 사람들은 대부분 영국인들이었죠. 오랫동안 영국의 군주제를 보아온 사람들은 신대륙에서 새로운 헌법을 만들면서도 대통령이라는 또 다른 성격의 군주를 만든 거죠. 한 나라의 정부형태를 단순하게 볼 것이 아니라 역사의 흐름과 맥락 안에서 살펴보아야 하는 이유입니다.

대통령의 사면권은 법원의 판결을 없었던 일로 되돌려 버리는 엄청나게 중요한 문제입니다. 징역 15년 판결을 받은 사람을 대통령이 사면한다고 가정해보세요. 그러면 그는 법원에서 15년 판결을 받지 않은 것이 되잖아요. 공정하게 재판한 결과를 대통령이 다시 뒤집는 셈이 되는 거죠.

<제79조>
①대통령은 법률이 정하는 바에 의하여 사면·감형 또는 복권을 명할 수 있다.

개인적으로 사면제도는 사라져야 한다고 생각합니다. 정치범·사상범 등은 생각하는 것이 다르다는 이유로 처벌을 받는 것이죠. 서양에는 "어느 누구도 생각한다는 것을 이유로 처형될 수 없다."라는 오랜 법 격언이 있어요. 그래서 정치적 생각이 다르다는 이유로 처형해서는 안 된다는 거예요. 서양에서는 실제로 생각이 다르다는 이유로 수많은 사람을 처형해 왔어요. 혁명을 거치면서 전쟁을 거치면서 말이에요. 역사적 관점에서 이런 법 격언이 나왔던 거죠.

닉슨은 사임을 했고, 제널드 포드가 대통령이 되잖아요. 우리나라는 어떻게 돼 있을까요.

<제71조>
대통령이 궐위되거나 사고로 인하여 직무를 수행할 수 없을 때에는 국무총리, 법률이 정한 국무위원의 순서로 그 권한을 대행한다.

대통령이 궐위됐다는 말은 대통령 자리가 비어 있다는 뜻입니다. 이때 미국처럼 누군가가 대신해서 대통령이 되는 것이 아니라 권한을 대행하게 하는 것입니다. 대통령 궐위의 원인으로는 대통령의 사망, 사임 또는 법원의 판결로 인한 대통령직 상실이 있어요.

우리나라에서도 대통령 권한대행이 있었죠. 1979년 10월 26일, 박정희 대통령이 사망하였을 때 대통령 권한대행을 세웠습니다. 그러나 부통령이 대통령 자리를 이어받는 것과 국무총리가 대통령 권한대행을 하는 것에는 민주적 정당성에서 매우 큰 차이가 있어요. 대통령 선거 때 런닝메이트로서 주권자인 국민에게 직접 민주적 정당성을 부여받은 사람이 부통령이지만 국무총리의 권한대행은 직접 선거를 통해 민주적 정당성을 부여받은 게 아니에요. 대통령을 통해 간접적으로 임명을 받았을 뿐이죠. 헌법적 권위 자체가 차이날 수 밖에 없어요.

만약에 우리나라가 대통령제를 취하면서 부통령제를 두고 있었다면 1979년 10월 26일 바로 다른 대통령이 설 수밖에 없는 것이죠. 이 부분은 앞으로 헌법을 개정하게 되면 반드시 고려해야 할 부분이에요. 대통령은 그 누구보다도 법질서, 특히 헌법에 민감해야 되기 때문이에요. 선진국에서는 헌법위반이라는 단어에 매우 민감해요. 우리도 앞으로는 더욱 민감해져야 합니다. 말로만 하는 게 아니라 실제로 헌법질서를 수호하는 대통령이 돼야 한다는 거예요.

헌법 제69조는 대통령의 취임선서 조항입니다.

<제69조>

"나는 헌법을 준수하고 국가를 보위하며 조국의 평화적 통일과 국민의 자유와 복리의 증진 및 민족문화의 창달에 노력하여 대통령으로서의 직책을 성실히 수행할 것을 국민 앞에 엄숙히 선서합니다."

대통령은 헌법을 준수해야 돼요. 자라나는 학생들이 대통령을 바라보면서 헌법을 가장 잘 지키는 사람이 우리 대통령이라고 믿을 정도가 돼야 해요. 대통령은 선거를 할 때도 엄격하게 합니다. 헌법 제67조가 대통령 선거를 규정하고 있어요.

<제67조>
①대통령은 국민의 보통·평등·직접·비밀선거에 의하여 선출한다.
②제1항의 선거에 있어서 최고득표자가 2인 이상인 때에는 국회의 재적의원 과반수가 출석한 공개회의에서 다수표를 얻은 자를 당선자로 한다.

확률은 거의 없겠지만 대통령 선거에서 만의 하나라도 동점일 경우가 있을 수도 있다는 가정 아래 국민대표기관인 국회에서 선출하도록 되어 있는 거죠. 다수 투표자를 당선자로 한다는 전제를 두고 있는 겁니다. 우리나라에서도 대통령 결선투표제를 하자는 의견이 나오는데 이건 현재 불가능한 거죠. 헌법에서 다수 득표자를 당선자로 한다는 조항이 있으니까요. 우리나라는 헌법 개정을 하지 않는 한 결선투표제를 못 한다는 얘기예요.

대통령은 권한이 굉장히 많아요.

<제74조>
①대통령은 헌법과 법률이 정하는 바에 의하여 국군을 통수한다.

국군을 통수할 권한이 있는 거예요.

<제72조>

대통령은 필요하다고 인정할 때에는 외교·국방·통일 기타 국가 안위에 관한 중요정책을 국민투표에 붙일 수 있다.

프랑스 헌법에도 같은 조항이 있는데 프랑스 헌법의 국민투표 조항은 부결되면 그대로 대통령이 물러나는 거예요. 그게 프랑스식 국민투표거든요. 그런데 우리는 두루뭉수리하게 제72조에서 대통령이 '외교, 국방, 통일, 기타 국가 안위에 관한' 국민투표를 붙일 수 있다고 하고 있어요. 큰 뜻이나 의미 없이 유신체제 때 만들었던 조항이기 때문에 헌법 제72조는 유신조항이라고 합니다. 이 조항이 아직도 존재하고 있기 때문에 유신은 사라지지 않았다. 유신은 죽지 않았다고도 말하죠.

대통령이 행사할 수 있는 권한들에 대해 알아보겠습니다.

<제86조>

①국무총리는 국회의 동의를 얻어 대통령이 임명한다.

우리는 국무총리 임명권, 국무위원 임명권, 행정 각부의 장 임명권 등의 권한을 대통령에게 준 거예요. 다만 국무총리의 경우 국회의 동의를 얻으라고 되어 있어요. 앞에서 우리나라 국무총리는 민주적 정당성이 약하다고 했죠. 헌법 제86조에서 대통령이 국회의 동의를 얻어서 국무총리를 임명하기 때문에 간접적인 민주적 정당성을 갖는다고 보는 거예요.

대통령 권한 중 특히 주의 깊게 살펴봐야 하는 권한은 제76조, 제77조 입니다. 이 둘을 묶어서 국가긴급권이라고 하는데 국가 비상사태가 발생했을 때 발동합니다.

<제76조>

①대통령은 내우·외환·천재·지변 또는 중대한 재정·경제상의 위기에 있어서 국가의 안전보장 또는 공공의 안녕질서를 유지하기 위하여 긴급한 조치가 필요하고 국회의 집회를 기다릴 여유가 없을 때에 한하여 최소한으로 필요한 재정·경제상의 처분을 하거나 이에 관하여 법률의 효력을 가지는 명령을 발할 수 있다.

②대통령은 국가의 안위에 관계되는 중대한 교전상태에 있어서 국가를 보위하기 위하여 긴급한 조치가 필요하고 국회의 집회가 불가능한 때에 한하여 법률의 효력을 가지는 명령을 발할 수 있다.

제1항은 긴급재정경제명령이고 제2항은 긴급명령이에요. 우리 역사에서는 금융실명제를 도입할 때 긴급재정경제명령이 한 번 이용됐어요. 제2항 긴급명령은 계엄까지는 아니어도 우리 사회에 국회의 집회가 불가능할 정도로 질서유지가 필요한 상황에서만 가능해요.

<제77조>

①대통령은 전시·사변 또는 이에 준하는 국가비상사태에 있어서 병력으로써 군사상의 필요에 응하거나 공공의 안녕질서를 유지할 필요가 있을 때에는 법률

이 정하는 바에 의하여 계엄을 선포할 수 있다.

②계엄은 비상계엄과 경비계엄으로 한다.

③비상계엄이 선포된 때에는 법률이 정하는 바에 의하여 영장제도, 언론·출판·집회·결사의 자유, 정부나 법원의 권한에 관하여 특별한 조치를 할 수 있다.

영장제도에 대해 특별한 조치란 다름 아닌 영장 없이도 체포·구속할 수 있다는 거예요. 언론·출판·집회·결사의 자유, 특히 집회의 자유까지 조치한다는 거예요. 원래 집회는 신고하게 되어 있는 것이지 허가를 받는 것이 아니지만 이때는 허가받지 않은 집회는 불가능해지는 거예요. 국민의 자유가 크게 제한되는 거죠.

우리는 이렇게 대통령의 권한이 강력합니다. 미국에서는 그에 대한 견제 장치가 탄탄합니다. 워터게이트 스캔들이 터지자 미국 하원에서 바로 탄핵소추로 들어갔습니다. 탄핵심판은 상원에서 하는데 탄핵심판을 의결하는 순간 대통령직을 상실하는 것이죠. 닉슨도 상원에서 탄핵심판이 의결될 것이라고 생각했기 때문에 그 전에 알아서 내려오는 것을 선택한 거예요.

우리나라도 헌법 제65조에 탄핵조항이 있어요.

<제65조>

①대통령·국무총리·국무위원·행정각부의 장·헌법재판소 재판관·법관·중앙선거관리위원회 위원·감사원장·감사위원 기타 법률이 정한 공무원이 그 직무집

행에 있어서 헌법이나 법률을 위배한 때에는 국회는 탄핵의 소추를 의결할 수 있다.

우리나라는 헌법재판소에서 탄핵심판을 합니다. 헌법재판소 재판관은 9명이에요. 미국 연방대법원도 9명입니다. 독일 연방헌법재판소는 1부 8명, 2부 8명으로 되어 있습니다.

우리도 헌법 제65조 제1항에 의해서 국회는 탄핵소추 의결을 할 수 있습니다. 특히 대통령 탄핵소추를 의결할 때는 제적의원 과반수가 아니라 제적의원 3분의 2 이상의 찬성이에요. 우리 역사에도 대통령에 대한 탄핵이 두 번 있었어요. 다들 기억하실 거예요. 한 번은 고 노무현 대통령에 대한 탄핵입니다. 당시 고 노무현 대통령은 권한이 정지돼서 아무 일도 하지 못하면서 지내야 했습니다. 탄핵소추를 의결하면 그 시간부터 대통령은 집무실에도 못 들어가고 거처에서 지내야 되거든요. 노무현 대통령의 탄핵사유는 공직선거법 위반이었습니다. 공직선거법 제10조는 공무원의 선거중립의무를 규정한 건데, 당시 노무현 대통령이 기자간담회 때 했던 "국회의원 총선거 때 여당이 좋은 결과가 나왔으면 좋겠다."는 취지의 발언을 문제 삼았던 거죠. 그런데 공무원 중에는 선거에 의해서 선출되는 정무직 공무원이 있어요. 이들은 어느 정도 직무에 정치성이 예견돼요. 반대로 선출직 공무원 중에서도 절대로 정치에 개입하지 말고 중립을 지켜라 요구하는 경우도 있어요. 바로 교육감이죠. 이렇게 예외적인 경우를 제외하고는 정무직 공무원은 정치성이 일정 부분 있을 수 있다고 봐요. 이건 바꿔 말하면 정무직 공무원은 정치적인 발언을 할 수 있다는 거예요. 경우에 따라서는 정무직 공무원이 중립적이지 않은 발언을 할 수도 있겠죠.

미국에서는 대통령 탄핵에 대한 연방대법원 판례가 없습니다. 탄핵으로 물러난 대통령이 없단 뜻입니다. 닉슨 대통령도 스스로 먼저 사임했으니 탄핵으로 물러났던 건 아니죠. 우리도 헌법 제65조를 만들어놨어도 판례가 어디에도 없었단 말이에요. 어려운 문제였죠.

헌법 제65조에서 탄핵 대상자로 규정하지는 않았지만, 법률에서 탄핵 대상자로 보는 사람이 있어요. 검사·경찰청장 같은 이들이죠. 검사가 현장 조사를 하기 위해 본인 차를 운전하고 가다가 교통사고를 냈다면 그건 직무집행에 있어서 법률 위배로 봐야 할까요? 맞습니다. 위배한 것이죠. 도로교통법을 위배했잖아요. 그럼 고 노무현 대통령도 탄핵대상이라고 봐야 할까요?

당시 중앙선관위에서는 공직선거법에 저촉된다고 했습니다. 그러나 그 자체가 헌법에서의 대통령 탄핵대상으로 보아야 했는가 하는 문제가 남습니다. 즉 당시 대통령의 발언이 직무집행 상의 헌법위반 혹은 법률위반을 했다고 하더라도 대통령이 탄핵됐을 때의 국정 혼란, 불안정을 감수할 정도의 중대성과 긴급성을 띠고 있었느냐는 거죠.

당시 헌법학자였던 저는 이렇게 말했습니다.

대통령이 직무를 집행하면서 저지르는 모든 헌법 위반, 법률 위반이 탄핵소추의 사유가 되는 것은 아니다. 대통령의 직무와 양립시킬 수 없을 정도의 중대한 헌법 위반, 법률 위반의 경우에만 탄핵소추의 사유가 된다고 해석하는 게 맞다. 도리어 그것을 탄핵사유로 보고 탄핵소추 의결을 강행한 국회의원들의 행위가 헌법이 규정하는 탄핵조항의 입법취지를 철저하게 무시한 헌법파괴행위다.

– 새전북신문, 2004. 03. 12.

결국 헌법재판소는 노무현 대통령에게 탄핵사유가 존재하지 않는다며 탄핵심판청구 기각결정을 내립니다. 헌법재판소가 그때 이렇게 말했습니다. "대통령을 탄핵하려면 대통령의 모든 헌법 위반, 법률 위반이 아니라 대통령의 직무와 양립할 수 없을 정도의 중대한 헌법 위반 법률 위반이 있을 때에만 탄핵할 수 있다." 제가 했던 말과 똑같잖아요. 그때 우리나라 헌법이론, 판례에서 처음으로 중대한 헌법 위반, 중대한 법률 위반 용어가 나온 거예요.

헌법재판소의 결정이 나온 다음 노무현 대통령도 집무실로 돌아가서 다시 권한을 행사할 수 있게 됐어요. 헌법 참 무섭죠. 하지만 대통령이 헌법을 무섭게 여길수록 법질서가 제대로 작동해요.

헌법 조문을 해석할 때는 그 하나의 조문만 보면 안 돼요. 헌법 조문도 한 조문만 봐서는 안 되고 관련 있는 모든 조문을 함께 들여다봐야 돼요. 방금 본 헌법 제65조 탄핵 조항 때는 반드시 들여다봐야 할 조항이 앞에서 이야기한 헌법 제84조예요.

<제84조>
대통령은 내란 또는 외환의 죄를 범한 경우를 제외하고는 재직 중 형사상의 소추를 받지 아니한다.

내란죄는 쉽게 얘기하면 쿠데타를 저지른 거고, 외환죄는 간첩죄를 말하는 겁니다. 이 두 개의 죄 이외의 것은 검찰이 소추할 수 없다는 뜻입니다. 그렇지만 이렇게 하면 대통령에게는 사면권, 국가긴급권, 국군통수권, 국가원수권까지 주는데 이에 대해 아무런 통제도 없으면 안 되겠죠. 여기서 중요한 게 권력 간의 상호 견제와 균형입니다. 이 권력분립이 잘 되는지 감시하는 게 언론, 그리고 최종적으로는 우리 국민이 지켜봐야 하는 것입니다.

우리 국민이 자신의 헌법적 지위를 잘 알고 있어야 돼요. 국민의 헌법상 지위는 주권자, 대한민국 국민, 선거권을 행사하는 선거권자입니다. 국민 없이는 국가도 없는 겁니다. 그러니까 이건 아니다 싶을 땐 휘슬을 거침없이 불어야 돼요. 앞에서 워터게이트의 실마리를 준 사람이 바로 휘슬러였잖아요. 우리 국민들이 살아가면서 정당하게 자신의 권리에 대해 휘슬을 불 때에만 비로소 민주주의도 건강해질 수 있습니다.

재판은
공정해야 한다

Pacta Sunt Servanda

대한민국 헌법 <제113조>

①헌법재판소에서 법률의 위헌결정,

탄핵의 결정, 정당해산의 결정 또는

헌법소원에 관한 인용결정을 할 때에는

재판관 6인 이상의 찬성이 있어야 한다.

재판은 공정해야 한다

오늘은 미국의 대통령 이야기로 시작해볼까 해요.

미국의 제1대 대통령은 조지 워싱턴George Washington입니다. 제2대 대통령은 존 애덤스John Adams, 제3대 대통령은 토머스 제퍼슨Thomas Jefferson이에요. 제2대 대통령인 존 애덤스는 임기 마지막 날 워싱턴 주의 치안판사 42명과 16명의 판사직을 임명하고는 이 문서를 당시 국무장관 대리이자 훗날 연방대법관이 되는 존 마셜John Marshal에게 맡깁니다. 마셜 국무장관은 당연히 이를 임명된 사람들에게 전해줘야겠죠. 그런데 그는 이걸 전하지 않고 본인이 가지고 있었습니다. 그런 상태에서 제3대 대통령으로 토머스 제퍼슨이 취임을 한 겁니다.

토머스 제퍼슨은 잘 아시는 것처럼 1776년 7월 4일에 공표된 미국 독립선언서를 최초로 작성한 사람이에요. 존 애덤스와 토머스 제퍼슨은 미국 독립운동을 같이 한 동지예요. 둘은 민주주의란 무엇인가, 인간의 생명은 무엇인가, 인간의 자유란 무엇이고 행복을 추구한다는 것은 어떤 것을 의미하는가와 같은 기본 철학을 같이 하면서도 이를 실천하는 방법에 대한 생각은 달랐어요. 토머스 제퍼슨은 존 애덤스 대통령 밑에서 부통령을 했지만 서로 방법론이 달랐기 때문에 나중에 매우 첨예하게 대립해요. 오늘의 동지가 내일의 적이 된다는 문장도 이 둘의 관계를 놓고 나온 말이에요.

토머스 제퍼슨은 대통령이 된 후 국무장관인 메디슨Madison을 불러요. 임명을 대기하고 있는 판사들을 임명하라고 제퍼슨 대통령이 명령을 해야 하는데 제퍼슨은 이를 지시하지 않아요. 임명장이 없으니까 판사들이 일을 할 수가 없잖아요. 그 가운데 윌리엄 마버리william Marbury란 이가 자신의 권리를 침해한 것에 대한 소송을 연방대법원에 제기해요. 직무집행 명령장 발급을 요청한 것이죠. 이제 연방대법원에게 공이 넘어간 거예요.

재판에서 쟁점은 사법부의 권한이 무엇인가에 대한 거였어요. 그 가운데에서도 핵심쟁점은 법원이 의회가 제정한 법률을 심사할 수 있는가 하는 법률심사권과 심사한 다음 법률의 위헌과 무효를 결정할 수 있는가 하는 위헌무효결정권 등이었어요.

보통 민주사회에서는 삼권분립으로 권력의 균형을 잡아요. 삼권분립은 국회의 법률제정, 행정부의 법률집행, 사법부의 법률적용 등으로 나뉘는데 이 사건에서는 법원의 재판권이 법률에 기속되는가에 대한 문제가 발생한 것이죠.

<제103조>
법관은 헌법과 법률에 의하여 그 양심에 따라 독립하여 심판한다.

법관이 따라야 하는 것은 헌법과 법률이라는 거죠. 제103조를 보면 우리 헌법에서는 법률이 법원의 재판권을 기속한다고 규정한다는 걸 알 수 있어요. 이건 우리나라뿐 아니라 다른 나라 어딜 가도 마찬가지예요. 법률은 국민대의기관인 국회가 만든 것이니까 그만큼의 힘을 갖는 것이죠.

이때의 쟁점은 법원이 단순하게 의회가 제정한 법률을 사건에 적용하는데 그치는 게 아니라 그 법률을 넘어선 상위규범인 헌법에 대한 해석권도 갖느냐하는 거였어요. 만약 이것이 옳다고 한다면 의회가 제정한 법률이 법원의 통제를 받게 돼요. 이는 간단해 보여도 결코 간단하지가 않은 이야기예요. 민주주의 이론으로 허용하지는 않지만 법치국가이론으로 허용되는 것이 법원의 헌법해석권이에요. 그런데 민주주의에서는 가장 중심적인 권력이 국민을 대표하는 의회의 권력이지요. 이 사건에서 법률해석과 헌법해석을 놓고 의회와 법원 두 권력이 서로 부딪친 것이죠.

당시 미국 연방대법원은 이렇게 말했습니다.

"법이 무엇인가를 말하는 것은 단언컨대 사법부의 의무이다."

이 문장에서 연방대법원은 법이 무엇인가를 말한다고 했지, 법률이 무엇인가를 말한다고 하지 않았어요. 왜냐하면 법은 대개념이고, 법률은 소개념이기 때문이에요. 그래서 "법을 위반했다."고 말하는 것이 아니라 "법률 위반, 시행령 위반, 시행규칙 위반, 조례 위반" 등으로 말하는 게 정확한 거예요.

이게 바로 1803년에 일어난 'Marbury vs Madison' 사건이에요. 이 사건에서 미국 연방대법원은 의회가 제정한 법률이더라도 위헌심사를 할 수 있다고 말한 거예요. 매우 중요한 부분이죠. 의회가 제정했어도 위헌이라면 그 법률을 법원에서 심사할 수 있다고 했으니까요.

지금 전 세계 거의 모든 나라는 의회가 제정한 법률에 대해 헌법을 위반하는가를 심사하고 있어요. 민주주의는 그 의사결정방식이 다수결이지만 다수결이 언제나 정당한 것은 아니기 때문에 정당함을 재는 엄정한 잣대로 헌법을 두고 있는 거예요. 제 아무리 국민대의기관인 의희라 하더라도 헌법을 지켜야 한다는 거죠.

두 대통령의 뒷이야기도 마저 들려드릴게요. 이 일이 있고 나서 두 대통령 사이에 편지가 오갔어요. 존 애덤스가 먼저 편지를 보내고 토머스 제퍼슨도 그 편지를 읽고 따뜻한 답장을 보내서 둘의 관계는 회복돼요. 1826년 미국의 독립선언기념일인 7월 4일 존 애덤스가 죽어가면서 마지막으로 한 말이 "토머스 제퍼슨은 아직 살아 있다."였다고 해요. 그런데 애덤스는 그 말을 하기 다섯 시간 전에 제퍼슨이 죽었다는 걸 몰랐죠. 두 사람 모두

같은 날에 죽은 거예요. 놀라운 우연의 일치죠.

다시 헌법 이야기로 돌아가보겠습니다.

우리나라는 현행법상 검사만이 기소를 할 수 있게 돼 있어요. 기소란 범죄행위를 했다고 의심되는 사람을 재판에 회부하는 걸 말해요. 검사만이 기소할 수 있다고 해서 이걸 일컬어 기소독점주의라고 합니다. 사실 기소독점주의를 규정하는 나라는 드물어요. 경찰도 기소하고 검사도 기소하는 식으로 기소 가능성을 열어놓았거든요. 우리는 기소독점주의이기 때문에 아무리 흉악범죄를 저지른 사람이 있어도 법원이 적극적으로 먼저 나서서 재판을 열 수 없어요. 검사가 요청해야만 재판할 수 있는 거예요.

예를 들어 친구가 빌려준 돈을 안 갚았다고 가정해볼게요. 나는 채권자가 되고 친구는 채무자예요. 이때 법원에 채무이행청구소송을 제기해야돼요. 법원에서는 그래야만 누가 옳고 그른지를 판단해요. 범죄행위가 되는 경우에는 검사가 피의자를 기소해야만 형사재판이 시작되는 거예요. 형사재판의 경우에는 이렇게 검사가 재판을 요구해야 하고, 민사재판의 경우에는 원고가 요구해야 돼요.

법원이 재판에서 반드시 지켜야 하는 가치는 재판을 공정하게 하는 것이에요. 실제로 우리나라에는 사법피해자모임이라는 단체가 있어요. 잘못된 법원의 판결 하나에 인생이 완전히 날아가 버린 사람들이에요. 재판은 어떤 경우에도 정말로 공정해야만 한다는 걸 알 수 있는 거죠.

또한 재판에는 진정성이 담겨야 해요. 피해자들의 의견을 귀 기울여 들어야 하고 우리 사회에서 희생되는 사람이 없도록 살펴야 하는 거죠. 그리고 피해자들을 위해서라도 재판은 신속해야 해요. 재판에 시간을 오래 끌수록 소송당사자들은 지치겠죠. 사회적인 노력과 시간을 낭비하지 않도록 재판은 신속하게 진행돼야 하는 거죠. 이 세 가지를 재판에서 반드시 확보해야 하는 재판의 공정성·진정성·신속성이라고 해요.

재판의 공정성을 지키기 위해서 우리나라를 포함해서 모든 나라에서는 다양한 노력을 하고 있어요. 보통은 소송법에 재판의 공정성을 확보하기 위한 조항을 규정하고 있어요. 이 규정을 시작한 나라가 영국입니다. 영국에서는 아주 오래전부터 자연적 정의의 원칙Principle of Natural Justice을 이야기해왔어요.

'자연적 정의의 원칙'은 두 개의 원칙을 말하고 있는데, 하나는 재판관은 편견이 없어야 된다는 것이고, 다른 하나는 누구든지 변명의 기회를 부여받지 아니하고 비난당해선 안 된다는 거예요. 예를 들면 공무원들이 징계처분을 받을 때 징계 혐의자에게 진술할 기회를 줍니다. 이 진술할 기회를 주는 것의 시작이 바로 자연적 정의의 원칙인 것이죠.

법원에서 재판의 공정성을 유지하기 위해서는 판결을 내리는 판사가 가장 중요한 존재예요. 그런데 판사가 자신이 맡은 사건의 소송 당사자가 자신의 배우자나 자녀라면 공정성을 유지하기가 어렵겠죠. 이런 사건을 가리켜 자기사건이라고 해요. 소송법에서는 자기사건의 경우에 그 법관은 재판을 못 한다고 합니다. 이걸 법관의 제척이라고 해요. 제척 사유가 있음에도 불구하고 재판했다면 무조건 대법원에 상고할 수 있어요.

법관의 기피도 있어요. 만약 판사가 공정하지 않은 것 같고 재판의 결과가 미리 예측된다면 더는 재판을 받기 어렵겠죠. 이럴 때는 소송 당사자가 법관기피신청을 하고 신청이 받아들여지면 다른 재판부에서 심리를 하도록 하는거죠.

법관의 제척도 아니고, 기피에도 해당되지 않지만 법관 스스로 이 재판은 공정하게 판단하기 어렵겠다고 생각하면 법원에 회피를 신청할 수도 있어요. 물론 아무 재판이나 회피해서는 안 되기 때문에 법관이 재판을 회피하기 위해서는 정당한 이유가 있어야 해요.

정리하면 제척 사유는 법률로 규정하고 있고, 기피는 소송 당사자가 하는 것이고, 회피는 법관 스스로 하는 것이에요. 이 뿌리는 앞에서 살펴본 '자연적 정의의 원칙'까지 거슬러 올라가는 거고요.

미국의 예도 볼게요.

미국에는 연방지방법원, 연방항소법원, 연방대법원처럼 주마다 주 지방법원, 항소법원, 대법원이 있어요. 우리와 마찬가지로 3심 제도가 있는 거예요. 3심 제도에 대해서는 여러분도 들어보셨을 거예요. 1심 판결에 따르지 않고 소를 다시 제기하는 것을 항소라고 하고, 2심 판결에 따르지 않고 대법원에 소를 다시 제기하는 걸 상고라고 해요. 이때 '상고와 항소'를 묶어서 상소제도라고 하지요. 3심 제도를 둔 이유는 재판의 심급을 높여가면서 판단에서의 오류를 줄이려고 하는 겁니다. 소송 당사자를 위해서 재판의 공정성을 확보하고자 하는 제도인 것이죠.

재판은 정말로 어려운 겁니다. 정말 훌륭한 판사들조차 이 사건이 어떻게 될 것 같은지 물으면 "나도 모르겠습니다."라고 해요. 특히 형사소송에서 실체적 진실을 발견하는 일은 끝까지 해봐야 알 수 있어요. 형사재판은 마지막까지 여러 가지 증거들이 나오잖아요. 이 증거가 유죄의 증거인지 아닌지에 대해서는 합리적 의심이 없는 정도의 증명이 되어야 해요. 누가 봐도 유죄라고 볼 정도의 증명이 되어야 한다는 거죠. 이때 증거는 실체적 진실을 밝히는 자료이고, 증명은 이 증거를 가지고 실체적 진실을 밝히는 걸 말해요.

이렇게 파헤치더라도 판사가 판단하기 어려울 때 등장하는 또 하나의 법 원칙이 있어요.

'의심스러울 때는 피고인의 이익으로.'

라틴어로는 'In Dubio Pro Reo'라고 해요. 판단이 잘 서지 않을 때는 피고인에게 유리한 쪽으로 결론을 내리라는 거예요.

<제106조>
①법관은 탄핵 또는 금고 이상의 형의 선고에 의하지 아니하고는 파면되지 아니하며,

재판을 공정하게 하기 위해서 헌법은 법관에게 특별하게 신분과 심판을

보장하고 있어요. 판사의 파면사유는 탄핵과 금고 이상의 형의 선고 두 가지입니다.

이를 이해하기 위해서는 우리나라 형법에 나오는 형벌의 종류를 살펴보아야겠지요. 우리 형법에서 다루는 가장 무거운 형벌은 사형입니다. 사형부터 무거운 벌의 순서대로 말하면 무기징역, 무기금고, 유기징역, 유기금고, 자격상실, 자격정지, 구류(월), 벌금이에요. 구류는 1일부터 최대 29일까지 가둬두는 것이고 30일부터는 징역이라고 하고요. 징역이나 금고는 자유형이라고 하고, 사형은 생명을 거두는 것이니까 생명형이라고 해요. 법관의 파면사유인 탄핵 또는 금고 이상의 선고는 곧 자유형을 선고받은 경우예요.

징역과 금고의 차이는 노역장 유치 여부에 있어요. 징역형을 선고받은 사람에게는 노역장 유치를 시켜요. 목공도 하고, 전기도 배우는 식으로 말이에요. 금고형은 노역장 유치를 안 시키고 원칙적으로 독방을 줘요. 다른 사람과 섞이면 안 되는 흉악범 또는 정치범, 사상범들이 그런 사람들이죠. 법관도 징계처분 받을 수 있어요. 다만 징계처분에 의하지 않고서는 정직, 감봉, 기타 불리한 처분을 받지 않아요. 여기서도 벌이 무거운 순서대로 기술돼 있죠. 원래는 징계처분에 대한 헌법규정이 없었는데 1972년 유신헌법 때 생겼어요. 누구의 눈치도 보지 말고 소신껏 재판하도록 한 거죠.

<제103조>

법관은 헌법과 법률에 의하여 그 양심에 따라 독립하여 심판한다.

헌법재판소 전시관 / 헌법재판소 제공

법관은 독립하여 심판하니까 다른 이의 간섭을 받지 않아요. 법원장이라 하더라도 해당 사건을 맡은 판사에게 유죄판결을 종용할 수 없어요. 만약 그렇게 한다면 그걸 직권남용이라고 하죠. 직권남용은 보통 자신의 사적 이익을 위해서 하는 것이기 때문에 파렴치한 사람들이 저지르는 범죄라고 봐야 돼요.

사법권의 독립은 이렇게 재판의 공정성을 위해서도 무척 중요합니다. 사법권의 독립이란 어느 누구의 명령이나 지시를 따르지 않고 설사 그렇다고 해도 불이익이 오지 않도록 헌법이 보장하겠다는 거예요. 이렇게 헌법이 철저하게 규정하고 있음에도 불구하고 제대로 공정한 재판을 받을 수가 없다고 한다면 국민은 많이 괴롭죠. 억울해도 제도적으로 기댈 곳이 없잖아요.

　이 문제는 법관의 승진제도와 관련이 깊어요. 판사들도 처음에는 평판사로 시작합니다. 경력이 쌓이면 단독 판사가 되고, 조금 더 시간이 흐르면 부장판사가 돼요. 부장판사 위에는 수석부장판사가 있어요. 그 다음은 법원장에 올라가게 되는데, 법원의 서열구조는 독특해요. 지방법원장, 고등법원장, 고등법원 부장판사가 서열이 같아서 지방법원장 하다가 고등법원 부장판사 하기도 하고, 고등법원 부장판사 하다가 지방법원장을 하기도 해요. 그 다음은 대법관이에요.

　간혹 정권의 기대와는 전혀 다른 판결을 선고하는 고등법원 부장판사들이 있어요. 그들은 자신의 소신과 철학을 걸고 공정한 판결을 내리는 거예요. 나조차도 기대하지 않았던 무죄판결을 고등법원에서 선고받았다면 그 부장판사에게는 정말로 고마워해야 해요. 대법관이 될 기회조차 깨끗이 버리는 거니까요. 대단한 사람들인 거죠.

　결국 법관의 독립성을 침해하는 결정적인 제도가 바로 법관의 승진제도라는 거예요. 그래서 선진국에서는 나이가 지긋해지더라도 계속해서 지방법원판사를 해요. 대법관이 되는 일 자체가 너무나 어렵기 때문이에요. 미국에서는 누군가 죽어서 자리가 비는 일이 생기지 않는 이상은 연방대법관이 될 수가 없어요. 그래서 한 번 지방법원 판사로 판사직을 시작하면 계속해서 지방법원 판사를 해요. 법원장은 행정만 맡기 때문에 큰 의미가 없다고 생각해요.

독일은 사건 배당도 판사들이 해요. 사건 배당은 재판에서 매우 중요한 문제예요. 어떤 재판부가 맡느냐 하는 것은 결정적인 문제잖아요. 우리나라는 법원장에게 맡기고 있는데 말이에요. 독일은 사건 배당을 판사 회의에서 결정하고 우리처럼 부장판사라는 제도가 없어요. 사건마다 주심판사가 다르다는 것밖에는 없어요. 그런 나라에서는 법관이 승진에 신경을 안 쓰죠. 대통령이나 법무부장관이든 할 것 없이 재판에 힘을 쓸 수가 없어요. 그러니까 각자 소신껏 판단할 수 있는 거죠. 그래서 우리나라가 진정한 의미의 사법권의 독립을 확보하려면 법관의 승진제도가 없어져야 된다고 보는 거예요.

사법권은 분쟁이 있는 곳에서 문제를 해결합니다. 분쟁은 크게 사실상의 분쟁과 법적 분쟁 두 가지로 말합니다. 사법권은 사실상의 분쟁이 아니라 법적 분쟁이 있는 곳에 필요해요. 법적 다툼이 있을 때 사법권이 움직이는 거죠. 하지만 사법권은 적극적으로 움직이지 않고 기다려요. 누군가 재판을 요청해오기를 기다리는 거죠.

하나의 사건에 두 가지 종류의 재판이 있을 수도 있어요. 여러분이 잘 알고 있듯이 형사재판과 민사재판인데, 형사재판에서는 피고인이 자기방어를 제대로 하지 못하거나 검사가 피고인을 무리하게 공격해도 판사는 실체적 진실이 무엇인지에만 관심이 있어요. 민사재판은 둘 중 누가 더 잘 싸우는가의 문제라고 보면 돼요. 민사재판은 서로 탁구공을 넘기다가 마지막에 공을 못 받은 사람이 패소하는 거예요. 그런데 형사재판에서는 그런 것과는 상관없이 판사는 계속해서 실체적 진실을 찾기 위해서 노력하는 거예요.

O.J. 심슨 사건에서 심슨은 형사재판에서 무죄판결 받았어요. 그런데 민사 재판에서는 손해배상판결을 받았어요. 형사재판에서는 일부 승소, 일부 패소란 말이 없는데 민사재판에서는 일부 승소, 일부 패소란 말이 있어요. 이를테면 내가 이런 폭행을 당하고서 입은 손해가 5,000만 원이라고 청구했는데 판사가 선고할 때 피고는 원고에게 금 3,500만 원을 지급하라고 하잖아요. 그러면 3,500만 원 승소이고 1,500만 원 패소인 것, 이게 바로 민사재판이에요. 그런데 형사재판에는 항상 유죄 아니면 무죄만 있는 거예요. 헌법 제109조는 재판의 공개에 관한 조항이에요.

<제109조>

재판의 심리와 판결은 공개한다. 다만, 심리는 국가의 안전보장 또는 안녕질서를 방해하거나 선량한 풍속을 해할 염려가 있을 때에는 법원의 결정으로 공개하지 아니할 수 있다.

재판에는 두 단계가 있어요. 심리와 판결 선고. 다른 재판은 물론이고 형사재판에서는 특히 판결 선고를 반드시 공개법정에서 해야 돼요. 이걸 위반하면 무조건 대법원까지 가게 돼 있어요.

<제110조>

④비상계엄하의 군사재판은 군인·군무원의 범죄나 군사에 관한 간첩죄의 경우
와 초병·초소·유독음식물공급·포로에 관한 죄 중 법률이 정한 경우에 한하여
단심으로 할 수 있다.

보통은 3심 제도에 해당되지만 비상계엄이 선포되면 단심제가 적용됩니
다. 단심제로 재판받게 되면 피고인이 재판을 통해 구제될 가능성이 낮아
지죠. 물론 단서가 있어요. "다만, 사형을 선고한 경우에는 그러하지 아니
하다." 비상계엄 하에서도 사형을 선고하는 경우에는 반드시 3심까지 하
도록 되어 있어요.

앞에서 본 마버리 대 매디슨 사건이 있었던 1803년부터 미국 법원에서
는 의회가 제정한 법률에 대해서 위헌심사를 하고 무효선언을 하기 시작
했어요. 미국에서는 연방대법원이 의회가 제정한 법률에 대해서 위헌선언
을 할 때는 대법관 과반수 찬성이면 위헌이에요. 우리나라는 의회가 제정
한 법률에 대한 위헌심사를 헌법재판소에서 합니다.

<제113조>

①헌법재판소에서 법률의 위헌결정, 탄핵의 결정, 정당해산의 결정 또는 헌법
소원에 관한 인용결정을 할 때에는 재판관 6인 이상의 찬성이 있어야 한다.

미국의 과반수 찬성과 우리의 재판관 6인 이상의 찬성은 다른 거죠. 우

리나라는 이렇게 헌법재판소 제도를 두고 있고, 이에 따라 헌법재판관을 두고 있어요. 헌법재판소가 내린 판단에 대해서는 판결이라는 용어가 아니라 헌법재판소의 결정이라고 해요. 법원에서도 결정을 내리기는 해요. 가처분 신청에 대해 법원이 내린 판단은 판결이라고 하지 않고 '결정' 즉 '가처분 결정'이라고 해요.

우리 시민들의 삶은 헌법과 법률에 의해서 여러 가지 단계로 보호되고 있어요. 재판이 공정하게 이루어지도록 여러 장치를 두고 있다는 것을 살펴보았지만 더 중요한 것은 자신의 재판이 공정하게 이루어질 수 있도록 법에 대해서 더 깊이 관심을 가져야 한다는 거예요. 우리가 우리의 목소리로 법을 부르지 않으면 법은 우리에게 먼저 다가오지 않기 때문이에요.

지방자치,
그리고 헌법개정

Pacta Sunt Servanda

대한민국 헌법 <제113조>

①헌법재판소에서 법률의 위헌결정,

탄핵의 결정, 정당해산의 결정 또는

헌법소원에 관한 인용결정을 할 때에는

재판관 6인 이상의 찬성이 있어야 한다.

지방자치, 그리고 헌법개정

오늘은 지방자치와 헌법 개정에 대해 이야기 하려고 합니다. 우리 헌법은 전문 포함 본문 130개, 부칙 6개로 구성이 되어 있는데 이 가운데 지방자치에 관한 조항은 두 개입니다. 제117조와 제118조. 헌법 개정에 관한 조항은 세 개입니다. 제128조, 제129조, 제130조.

우리나라 지방자치 역사는 짧지 않습니다. 5.16 군사쿠데타 전에 진행됐던 것이 5·16 군사쿠데타 이후 지방자치가 끝이 났다가 1991년에 다시 지방자치가 부활해요. 지방자치에서 자치란 자율통치의 줄임말이에요. 자율통치의 반대말은 타율통치입니다. 자기지배의 반대말은 내가 나를 지배하는 것이 아니고 타인이 나를 지배한다는 뜻에서 타자지배라고 해요.

민주주의의 이상은 타자지배가 아니라 자기지배예요. 우리나라가 민주공화국이려면 대한민국이 타국의 간섭 없이 스스로 국가 운영에 관련한 내용들을 결정할 수 있어야 해요. 그래야 헌법 제1조가 말하는 "대한민국은 민주공화국이다."라는 말이 맞는 거예요. 대한민국은 자신의 일은 자기가 지배한다는 확고한 신념이 서야 해요. 그래야 우리나라를 가리켜서 국제사회에서도 저 나라는 민주공화국이라고 말할 수 있다는 거예요.

완전한 의미의 민주주의는 타자지배가 없는 상태, 즉 오롯이 자기지배만 있는 상태예요. 직접 정치에 참여하고 의사를 표현해야 하는 거죠. 그렇지만 우리 사회는 너무나 방대하고 많은 이들이 함께 모여 있어요. 우리가 맞닥뜨리는 모든 일은 저마다 전문성을 갖고 있단 말이에요. 어쩔 수 없이 누군가 내 대신 내 일을 해줄 사람을 선택해야 하는 거죠. 그래서 오늘날의 민주주의를 직접민주주의가 아닌 간접민주주의, 대의민주주의, 대표민주주의라고 해요.

먼저 지방자치단체에 대해 살펴볼게요.

서울특별시도 지방자치단체 중 하나일까요. 맞습니다. 서울특별시도 지방자치단체 중 하나입니다. 그런데 어딘지 모르게 어색하지요. 서울을 지방이라고 볼 수 있냐는 문제가 생기잖아요. 영어로 지방자치는 'Local Autonomy'입니다. 'Local'은 지방이 아니라 지역인데 이걸 일본 사람들이 '지방자치'라고 잘못 번역한 것이고, 우리가 또 이걸 그대로 차용했기 때문에 이렇게 용어가 어색해지는 문제가 발생하는 거예요. 지방자치라고 하는 대신 지역자치라고 표현해야 맞는 거죠. 그렇게 되면 서울특별시도 지역자치단체라고 부를 수 있겠죠.

창원시의회

　지방자치가 지향하는 이상은 민주주의를 실현하는 거예요. 간접민주주의가 아닌 주민들이 직접 지역의 일을 해결하도록 직접민주주의의 실현을 바라는 거죠. 즉 전라북도의 일은 전북 도민이 알아서 하라는 걸 담고 있는 겁니다.

　대한민국 국적을 가지고 있는 사람을 국민이라고 하고, 전라북도에 살고 있는 사람은 국민이라는 말과 함께 주민이라고 표현해요. 흔히 사용하는 도민은 법률상 용어가 아니에요. 이곳 진안군수를 도지사가 임명하는 게 아니라 주민들이 직접 선출하라는 거예요. 진안지역의 일은 진안 지역 주민 스스로 그 기관에 의해서 처리하는 게 지방자치, 더 정확하게는 지역자치라고 보는 거죠. 사실 도지사나 대통령이 진안군수를 임명하는 것보다 지역주민이 직접 진안군수를 선출하는 게 그 의미가 있잖아요.

교육청에서 일하는 분들은 알겠지만, 의회에서는 교육청에 이런저런 요구를 할 때가 많아요. 자료 제출만 하는 게 아니라 출석해서 의원들이 묻는 질문에 답변도 해야 해요. 결코 편안한 일이 아니에요. 그러면서도 항상 마음속으로 내가 고통스럽거나 모욕을 당해도 지방자치는 계속 살아나야 된다고 되뇌어요. 이게 헌법이 지향하는 것이고 민주주의이기 때문이에요.

만약 지방자치를 하지 않을 경우에는 대한민국의 국가권력은 중앙정부가 독점하게 돼요. 집행부, 법원 할 것 없이 중앙정부에서 알아서 하는 거죠, 그런데 선진국에서는 판사조차 그 지역에서 선출해요. 우리나라에서는 선거할 때 투표용지가 열 장이 넘어가면 힘들다고들 하지만 선진국에서는 열 장, 스무 장이 아니고 아예 책을 한 권 가져와요. 사법권조차 지역자치에 맡기는 거예요. 이건 중앙정부가 모든 권력을 독점하는 것은 안 된다는 걸 말해요.

권력의 집중은 부패를 가져와요. 그래서 국가권력을 중앙정부와 지방정부의 권력으로 나누는 거예요. 더 정확하게는 지역정부에 일정 권력을 배분하는 거죠. 이때 권력을 나눈다는 것을 권력분립이라고 하죠. 스위스의 학자 베르너 캐기Werner Kägi는 이런 말을 했어요. "이것은 수직적 권력분립이다." 즉 권력분립에는 수평적 권력분립과 수직적 권력분립이 있다고 보는 거죠. 헌법에서는 수평적 권력분립으로 입법권, 집행권, 사법권과 여당과 야당의 권력을 나누고, 수직적 권력분립으로는 중앙정부의 권력과 지방정부의 권력으로 나누는 거예요.

<제117조>

①지방자치단체는 주민의 복리에 관한 사무를 처리하고 재산을 관리하며, 법령의 범위 안에서 자치에 관한 규정을 제정할 수 있다.

지방자치단체에서 하는 일을 제117조 제1항에서 규정하고 있어요. 첫 번째 "주민의 복리에 관한 사무를 처리하고"는 자치사무를 말하고, "재산을 관리하며"에서는 재정권을 말합니다. 도교육청에선 이 권한이 예산편성집행권인 것이죠. "법령의 범위 안에서 자치에 관한 규정을 제정할 수 있다." 이건 도교육청도 자치에 관한 규정을 제정합니다. 교육규칙이라고 하지요. 도의회에서는 조례를 만들고요.

<제117조>

②지방자치단체의 종류는 법률로 정한다.

범위를 정한 결과 우리나라에는 지방자치단체의 종류가 기초지방자치단체와 광역지방자치단체가 있습니다. 예를 들면 진안군은 기초지방자치단체라고 하고, 전라북도는 광역지방자치단체입니다. 흔히들 말하는 풀뿌리 민주주의 들어보셨을 거예요. 이때 풀뿌리 민주주의라는 말은 기초지방자치단체를 가리키는 거예요.

영국에서 지방자치가 시작됐다고 하는데 영국에서는 단순한 지방자치가 아니고 국민의 삶 속에 그대로 녹아들어 있어요. 국민의 의식과 삶의 패턴이 지방자치화 되어 있어요. 국가구조 전체 구성이 그렇게 되어 있는 거죠.

우리나라는 메이저 중앙 일간신문이 있잖아요. 다른 나라에서는 찾아보기 어려운 일이에요. 〈뉴욕타임스〉는 뉴욕에 있어요. 〈LA타임스〉는 LA에 있는 거고요. 선진국에서는 지역 언론이 더 중요해요. 중앙 차원의 언론에서 아무리 기사를 띄워도 관심도 안 가져요. 국민의 의식과 삶 속에 우리 지역의 일이 중요하고 우리 지역의 사람이 중요하다는 게 뿌리 깊게 박혀 있는 거예요.

〈제118조〉

①지방자치단체에 의회를 둔다.

의회는 지방자치단체에 반드시 둬야 돼요. 없으면 안 돼요. 헌법이 그렇게 하라고 명령하고 있으니까요.

〈제118조〉

②지방의회의 조직·권한·의원선거와 지방자치단체의 장의 선임방법 기타 지방자치단체의 조직과 운영에 관한 사항은 법률로 정한다.

지방의원에 대해서는 선거라고 했는데 자치단체장은 선임방법이라고 표현했어요. 국회의원들이 헌법개정안을 만들 때 여지를 남겨둔 거예요. 지방자치단체의 장은 꼭 주민들의 직접선거로 선출하는 게 아닐 수 있도록 한 거예요. 만약 선거라고 못 박아두었으면 절대 손 못 대겠죠. 그런데 선임방법이라고 했단 말이에요. 지방자치단체의 장에는 시·도지사, 시장, 군수, 자치구청장 그리고 교육감이 들어가는데 말이에요.

지방자치단체의 인적 구성요소는 바로 진안군 공무원이에요. 지방자치 정신에 따를 때 진안군 공무원의 법률상 신분은 지방공무원입니다. 그래서 인사권은 진안군수가 갖는 거예요. 진안군수가 가진 인사권에는 그 누구도 손댈 수 없는 것이죠.

전라북도 교육청 소속 일반직 공무원은 지방직 공무원이고 교육공무원은 국가직 공무원이에요. 그래서 일반직에서 무슨 문제가 발생하면 전적으로 교육감이 판단합니다. 중앙정부가 손을 댈 수가 없어요. 그런데 교육공무원은 그 신분이 국가공무원이죠. 교육공무원의 법률상 신분이 지방공무원이면 교육감이 알아서 하지만 국가공무원이란 말이에요. 그러니까 전라북도 교육청 소속이어도 교육공무원에 대한 인사권은 법률상 교육부장관에게 있는 거예요. 국가가 위임해놓은 것일 뿐이죠. 그래서 이걸 국가위임사무라고 해요. 자치사무에 대해서는 국가가 손댈 수 없지만 국가위임사무에 대해서는 지시를 내릴 수 있어요. 이 지시를 잘 이해하고 분석해야 할 필요가 있는 거예요. 법적인 문제가 발생할 여지가 충분하니까요. 그렇다고 해서 지방공무원과 국가공무원 사이에 현실적인 차이 혹은 신분상의 차이는 없어요. 기분 차이가 있을 뿐이죠. 국가공무원은 뭔가 대단해 보이고 지방공무원하면 별 거 없어 보이는 정도로 말이에요.

이제 헌법 개정을 살펴볼게요.

오래전에 소설책을 하나 읽는데 몸에서 찌릿한 전율이 오더라고요. 이병주라는 작가가 쓴 〈소설 알렉산드리아〉예요. 이 분 작품은 모두 구해서 읽어 보았는데 그중 백미는 〈산하〉예요. 7권으로 되어 있는데 정말 재미있어요. 7권 134쪽과 135쪽을 천천히 읽어드리겠습니다. 잘 들어보세요.

203명의 3분의 2가 135.333이라면 분명히 135명은 203명의 3분의 2가 아니다. 자연인을 0.333만큼 보탤 수 없으니까 203명의 3분의 2로 만들려면 136명이어야 하는 것인데 자유당은 분명히 녹피(鹿皮;사슴 옆 가죽)에 일자를 써놓고 가로왈이라고 우기는 고인의 억지보다도 심하다 아니할 수 없다.

이로써 자유당은 비민주적 처사를 강행하기 위해 민주적인 위장을 하고 국민을 위한다는 구실로 국민의 의사를 횡령하고 국민의 권리를 배임하는 처사를 예사로 하는 강도적 집단이 돼버리고 말았다는 송남수의 의견을 증명하는 셈이 되었다.

개헌안 투표에 앞서 자유당이 계산한 가표는 137표였고 최악의 경우라도 재석수의 3분의 2를 넘는 136표는 확보하고 있다고 믿고 있었다. 그런 확신이 있었기 때문에 표결을 강행한 것인데 어떻게 된 까닭으로 135표밖에 나오지 않았던가. 당연히 이것은 자유당 내에 문제가 되고 항간에 관심거리가 되었다. 누구의 실수인가. 누구의 판단인가.

그러자 다음과 같은 소문이 나돌기 시작했다. 이종문 무식한 국회의원이 가표를 쓴다는 것이 글자를 잘못 적어 무효표가 돼버렸다는 뜻이다. 동시에 이 얘기를 듣고 과연 그럴 수 있을까 하고 생각해보았다. 이종문은 무식하기는 하나 천자문 한 권을 뗀 한문 실력은 있었다. 그것은 동시에 이미 확인하고 있는 터였다. 그러한 이종문이 글자를 몰라 무효표를 만들었다는 것은 있을 수 없는 일이다. 그렇다고 해서 이종문의 심상의 변화가 생겨 그런 행동을 고의로 한 것이라고는 도무지 믿을 수가 없었다.

경무대까지 소문이 들어갔다. 이승만 대통령이 이 소문을 듣자 전에 없이 노해서 이기붕을 불러들였다.

"도대체 어떤 놈이 그런 터무니없는 소문을 돌린다는 말인고. 내가 좋아하는 사람이면 모두들 그런 따위로 헐뜯으려고 하니 될 말인가. 국회의원 200명을 모조리 믿지 않아도 종문이만은 믿어. 만송, 나가거든 그런 소문이 없어지도록 당을 단속해요. 그런 조그마한 틈서리가 성을 무너뜨리는 거요. 자네는 당내에서 이종문을 보호할 책임을 져야 하네."

할 말이 없진 않았지만 이기붕은 "못된 소문을 돌린 놈을 색출하여 엄벌하겠습니다. 휴녕하소서."

말만 남겨놓고 퇴출했다는 것인데 이 얘기의 진위 여부는 확인할 도리가 없다. 무수한 얘깃거리로 엮여져 있었던 이른바 사사오입 개헌파동도 시일이 감에 따라 세인의 관심 밖의 일이 되었다.

나날의 생활에 시달리며 사는 시민들은 언제나 그런 문제에 구애받고 있지 못할 뿐 아니라 사람에게는 건망증이란 게 있는 것이다. 한 가지 주목할 일은 그 일을 계기로 이종문의 자유당 내의 비중이 커지고 따라서 그 세도가 욱일승천하게 된 사실이다. 경찰관들이 승진을 하고 싶으면 이종문을 찾아가면 백발백중이었다. 군수 한 자리 하고 싶으면 역시 그를 찾아가는 것이 가장 빠른 방법이었다.

지금 작가가 말한 것이 그 유명한 사사오입 개헌이에요. 물론 소설이니까 작가의 상상력이 들어갔겠지만, 이 소설은 상당히 사실적이어서 당시의 상황을 잘 말해주고 있어요. 당시 국회 재적의원이 203명이었어요. 국회에서 의결하려면 재적의원 3분의 2 이상의 찬성을 얻어야 해요. 203명의 3분의 2는 135.333이고, 3분의 2 이상은 당연히 136이에요. 그런데 공교롭게도 135표가 나온 거예요. 이걸 억지로 우겨서 개헌을 해버린 거죠. 정말 웃기는 일이 벌어진거죠.

우리가 알아야 할 것은 헌법을 개정할 때는 그 절차가 굉장히 중요하다는 걸 기억해야 돼요. 소수점 이하의 숫자도 굉장히 중요한 거예요. 아무리 모든 국민이 환영하는 정말 기대하는 헌법 개정이라 하더라도 이 절차를 어기게 되면 어떤 정당성도 얻을 수가 없다는 거예요. 이걸 가리켜서 헌법 개정의 정당성이라고 해요.

현행 헌법이 9번째 헌법 개정인데요. 1987년에 개정한 것입니다. 그때

기준으로 만 20세가 이 헌법 개정에 투표할 수 있었어요. 2016년을 기준으로 한다면 그때 만 19세였던 지금의 만 48세는 투표에 참여할 수 없었죠. 즉 지금의 헌법 개정에 참여한 분은 이 자리에 계신 분들 중에서 만 49세 이상인 분들만 해당한다는 거예요. 그러면 전체 국민 중 0세부터 만 48세까지는 현행 헌법에 자기의 뜻을 더할 수 없었다는 셈이 되죠. 이 부분에서 개정의 필요성이 생겨요. 이 많은 국민이 현재의 헌법과는 전혀 무관하다는 이야기가 되니까요.

헌법은 고정된 채로 있는데 헌법규범이 규율하는 것은 물처럼 계속 흘러간단 말이에요. 제자리에 멈춰 있는 헌법과 헌법이 규율하고자 하는 것과의 거리가 자꾸만 멀어지게 돼요. 그렇게 되면 헌법의 규범력이 약해져요. 이 약해진 규범력을 다시 강화시키기 위해서 헌법 개정을 하는 거예요. 따라서 순수하게 헌법 이론적 관점에서 볼 때는 헌법 개정의 필요성은 있다고 할 수 있어요. 최소한 만 48세까지의 국민들 의사를 반영할 기회를 이제는 줘야 한다고 생각하는 거죠.

우리나라 헌법 개정은 계속해서 권력구조에 집중해요. 그렇지만 권력구조보다 더 중요한 게 국민의 인권이에요. 국민의 인권을 어떻게 하면 지금보다 더 탄탄하게 보장해 나갈 수 있을까 고민해야 하는데 그보다는 대통령을 직선으로 할 것인지 간선으로 할 것인지 혹은 정부형태를 대통령제로 할 거냐 의원내각제로 할 거냐 이런 것에만 집중해왔단 말이에요.

현행 헌법도 마찬가지이고 여러 가지 문제를 끌어안고 있어요. 이제는 헌법 개정을 할 때가 되었다고 봐야 돼요. 물론 정말 개정을 할 거냐는 또 다른 문제예요. 헌법 개정을 할 때는 국민들의 헌법 의식, 그리고 정치인의 헌법 의식이 어느 정도 기본을 갖춰야 돼요.

그렇지만 우리 사회를 유지하고 버텨주는 가장 큰 법규범인 헌법에 대해서 과연 우리 국민들은 얼마나 알고 있을까요. 우리나라 고위공무원 중 헌법을 한 번이라도 제대로 읽어본 분이 과연 얼마나 될지 의심스러워요. 타인의 헌법이 아니라 내 헌법인데도 말이에요.

진안 교육지원청에서도 날마다 민원처리를 할 거예요. 민원의 헌법적 근거가 청원권이에요. 자신이 가진 청원권에 근거해서 민원서류를 내는 거예요. 그런데 민원서류를 내는 분조차 자신의 행위를 헌법이 보장하고 있다는 것을 모르는 거죠. 초등학생, 중학생들이 피켓을 들고 1인 시위를 해요. 이건 헌법이 보장하는 의사표현의 자유를 행사하는 거예요. 우리 일상이 그래요. 내가 가지고 있는 재산을 국가가 손댈 수 없어요. 왜냐하면 헌법 제23조가 재산권을 보장하고 있기 때문이에요.

우리의 삶은 매우 밀접하게 헌법과 관련 있어요. 우리가 헌법에 대해 알고 그만큼 당연하게 자신의 권리를 찾기 위해 노력하는 건강한 헌법생활을 할 때 비로소 대한민국도 헌법국가로 제대로 설 수 있는 거예요.

헌법 제128조부터 제130조까지 세 개 조문을 살펴볼게요.

<제128조>
①헌법개정은 국회재적의원 과반수 또는 대통령의 발의로 제안된다.

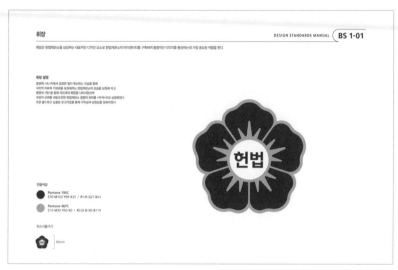

휘장

DESIGN STANDARDS MANUAL BS 1-01

휘장은 헌법재판소를 상징하는 대표적인 디자인 요소로 헌법재판소의 아이덴티티를 구축하며 통합적인 이미지를 형성하는데 가장 중요한 역할을 한다

휘장 설명
중앙에 <ㅈ>자에서 공정한 빛이 확산되는 모습을 통해
국민의 자유와 기본권을 보호해주는 헌법재판소의 모습을 상징화 하고
중앙에 <헌>을 통해 국민과의 화합을 나타내었으며
국민의 신뢰를 바탕으로한 헌법재판소 경청의 권위를 <다섯>으로 상징화였다
또한 꽃잎과 그 심볼을 로고타입을 통해 기록성과 상징성을 강화하였다

전용색상
● Pantone 195C
C30 M100 Y85 K25 / R145 G27 B43
● Pantone 467C
C10 M30 Y60 K0 / R228 G180 B119

최소사용크기
⬢ |10mm

―――――――――――― 휘장 / 헌법재판소 제공

헌법 개정안은 국회재적의원 과반수, 즉 151명의 국회의원과 대통령의 발의로만 제안이 가능하다는 걸 말하고 있어요.

<제128조>

②대통령의 임기연장 또는 중임변경을 위한 헌법개정은 그 헌법개정 제안 당시의 대통령에 대하여는 효력이 없다.

매우 세심하죠. 만약 대통령 임기를 중임제로 개정하더라도 지금 대통령에게는 해당되지 않는다는 걸 말하는 거예요. 다른 나라에는 없는 조항인데 우리나라에만 있어요. 앞에서 본 '사사오입' 개헌 같은 걸 막기 위해서예요.

그런데 이 제128조 제2항조차 개정할 수 있어요. 방금 본 제1항처럼 대통령과 국회재적의원 과반수가 이 조항을 개정하자고 제안하면 되는 거죠. 이렇게 헌법조문에는 절대 개정할 수 없는 조항이 있고 개정할 수 있는 조항이 있어요.

헌법의 본질적 구성 부분은 개정할 수 없어요. 이를테면 제1조 "대한민국은 민주공화국이다. 대한민국 주권은 국민에게 있고 모든 권력은 국민으로부터 나온다." 국민 주권의 원리에는 손댈 수 없어요. 또 법치국가의 원칙도 손 못 대죠. 이건 국가가 내 권리를 제한할 때는 반드시 법률에 의하거나 법률에 근거를 두라는 거예요. 마지막으로 권력분립의 원칙도 손을 대선 안 돼요.

헌법 제129조는 대통령이 헌법개정안을 공고하는 거예요. 공고는 국민에게 헌법 개정을 하려고 합니다. 하면서 알려주는 것이기 때문에 기간이 좀 필요하겠죠. 그래서 20일 이상의 기간을 공고하라고 하고 있어요. 국회는 헌법개정안이 공고된 날부터 60일 이내에 의결해야 되고, 국회의 의결은 재적의원 3분의 2 이상의 찬성을 얻어야 돼요.

<제49조>

국회는 헌법 또는 법률에 특별한 규정이 없는 한 재적의원 과반수의 출석과 출석의원 과반수의 찬성으로 의결한다. 가부동수인 때에는 부결된 것으로 본다.

법률개정은 재적의원 과반수 출석과 출석의원 과반수 찬성으로 의결해요. 일반의결정족수만 충족하면 돼요.

그런데 헌법에 대해서는 일반의결정족수를 적용하지 않아요. 가중다수를 적용한단 말이에요. 헌법 개정은 쉽게 하면 안 되니까요. 물론 일반 법률의 의결정족수와 똑같이 개정하는 나라도 있어요. 그래서 그런 헌법을 가리켜서 헌법 개정이 쉽다는 뜻으로 연성헌법이라고 해요. 법률 바꾸듯이 개정할 수 있는 거죠.

우리나라는 연성헌법이 아니에요. 앞에서 본 것처럼 한 번 개정하려면 꽤 복잡한 절차를 거쳐야 해요. 그래서 연성헌법이 아니라 경성헌법이라고 해요. 헌법 제128조를 잘 살펴보면 알 수 있는 게 하나 더 있어요. 대통령도 국회처럼 제안할 수 있다는 거예요. 실제로 제1차 헌법 개정이 그렇게 된 거예요.

이승만이 처음 대통령이 될 때 국회에서 간선을 했는데 대통령과 한민당 사이가 계속 나빠지는 거예요. 그대로 가다가는 대통령 다시 하기 어렵게 생긴 거죠. 국회는 국회대로 의원내각제로 바꾸자는 의견이 힘을 얻게 됐어요. 그래서 국회의원들은 의원내각제 개헌안을 제출한 거고, 이승만 대통령은 이승만 대통령대로 대통령 직선제 개헌안을 낸 거예요.

그 결과 1차 개헌은 발췌개헌이라고 불러요. 당시 국회와 이승만 대통령이 절충했기 때문이에요. 발췌개헌은 일부만 뜯어고쳤다는 뜻이에요. 헌법 이론으로 봤을 때 국회에서 국민에게 알려야 하는데 국회에서 일부만 발췌

해서 개헌하게 되면 국민은 정확하게 알 수 없겠죠. 이것은 공고제도에 위반하는 거예요. 따라서 발췌개헌인 1차 개헌은 공고제도를 위반한 것이고, 사사오입개헌이라고 불리는 2차 개헌은 의결정족수를 위반한 거예요.

헌법 구조상, 그리고 헌법 이론적으로 집행부의 의사와 의회의 의사가 상충할 때는 의회의 의사가 우선해요. 그래서 헌법 제128조 제1항에 따라서 대통령과 국회에서 서로 헌법개정안을 내겠다고 한다면 국회가 우선이라는 말이에요.

앞에서 이병주 소설 〈산하〉의 주인공인 이종문. 실제로 이승만 밑에서 건설업으로 막대한 부를 축적하고 국회의원까지 지낸 인물이 있어요. 실존 인물을 모델로 했다는 거죠. 사사오입 개헌을 할 때 137표일 거라고 예상했는데 135표가 나왔고, 둘이 이탈했다는 걸 어떻게 알았을까요.

국회의원은 헌법개정안에 대한 표결을 할 때 이름을 쓰게 되어 있어요. 지금 국회에서 표결할 때는 이름이 함께 뜨는 전자표결을 시킵니다. 인사에 대한 투표는 무기명투표로 하지만 그 밖에는 전부 이름이 뜨기 때문에 누가 무슨 표를 냈는지 알 수 있는 거예요.

국회법 제112조 제4항에서 "헌법 개정안에 대한 투표는 기명투표로 한다."고 되어 있어요. 헌법개정안 하나만 그렇게 규정하고 있어요. 이 표는 영구보관해요. 역사적 사료로 말이에요. 그래서 누가 정보공개 청구하면 보여줘야 돼요. 헌법 개정은 그만큼 중요한 일이기 때문에 자신의 결정에 책임을 져야 한다는 걸 말해주는 부분인 거예요.

우리 헌법에도 개정할 조항이 꽤 많아요. 대표적인 것 하나만 말씀드릴게요.

며칠 전 소방공무원 한 분을 만났어요.

"소방공무원이 생명, 신체에 대한 위험이 굉장히 높은 직종인데 진화 작업을 하다가 사망할 경우 국가를 상대로 배상 청구를 합니까?"

그분이 대답하기를,

"못 합니다."

라고 해요.

"이유는 알고 계시나요?"

하니까

"네, 알고 있습니다."

라고 대답해요.

참 안타까운 일이죠. 평소 생명에 대한 위험성이 높은 직종에 근무하는 공무원에 대해서는 더 강한 보장을 해줘야겠죠.

<제29조>

②군인·군무원·경찰공무원 기타 법률이 정하는 자가 전투·훈련 등 직무집행과 관련하여 받은 손해에 대하여는 법률이 정하는 보상 외에 국가 또는 공공단체에 공무원의 직무상 불법행위로 인한 배상은 청구할 수 없다.

이때 기타 법률이 정하는 자는 향토예비군 대원 같은 사람이에요. 예비군 훈련을 받으러 갔다가 사고가 나면 국가배상 청구도 못 하게 돼 있는 거예요. 이게 사실은 베트남 전쟁 때 생겨난 조항이에요. 많은 군인이 죽으니까 국가에서 이 배상을 감당할 수 없어서 생겨난 거예요. 이제 달라질 때도 됐는데 아직까지 손을 대지 못하고 있어요.

우리 헌법에는 개정해야 할 조항이 한두 개가 아니에요. 그래서 헌법 개정에 대한 문제가 나오면 정말 우리 국민 모두가 이것은 남의 일이 아니라 바로 내 일이다, 생각하고 조문 하나하나, 문장 하나하나 꼼꼼하게 살펴봐야 돼요. 지금 대한민국은 헌법국가임을 선언하고 있습니다. 보통 법치국가란 말을 많이 하지만 정확하게 하면 헌법국가라고 해요. 헌법국가는 그냥 발전해나가는 것이 아니라 국민의 헌법생활을 통해서 발전합니다. 항상 국민은 헌법의식을 갖고 있어야 하는 거예요. 국민의 헌법에의 의지가 가장 중요한 겁니다. 우리의 헌법은 우리가 지켜야 된다는 거예요.

2016년에 있었던 터키의 군사쿠데타를 시민들이 막아냈죠. 터키 헌법 제도를 지키기 위해서 말이에요. 어떤 남성은 탱크 앞에 가서 윗옷을 다 벗고서 나를 밟고 지나가라고 하잖아요. 바로 그러한 국민의 헌법 의지가 오늘날의 터키를 지키고 있는 거예요.

우리의 헌법 의지가 우리 자녀들의 미래를 만들고 지켜나가는 것이죠.

납세,
그 신성한 의무에 대하여

Pacta Sunt Servanda

대한민국 헌법 <제38조>

모든 국민은 법률이 정하는 바에 의하여

납세의 의무를 진다.

납세, 그 신성한 의무에 대하여

여러분, 오늘은 세금에 대해 이야기해 볼까 해요.

저는 봉급으로 생활하는 봉급생활자입니다. 봉급생활자를 가리켜 뭐라고 부르는 줄 아세요? 유리지갑이라고 해요. 그 속이 다 들여다보이기 때문에 그렇게 부른대요. 속만 보이면 좋겠지만 거기에 세금까지 꼬박꼬박 내야 하지요. 간혹 세금을 제대로 내지 않는 이들도 있는데, 이런 이들에게 "탈세를 했다."라고 말하지요.

그런데 아무리 하고 싶어도 탈세할 수 없는 세금이 있어요. 간접세예요. 간접세의 경우는 내가 안 내려고 해도 낼 수밖에 없게 돼 있어요. 사이다를 마셔도 간접세가 포함돼 있고, 우유 한 잔을 마셔도 간접세가 들어 있어요. 간접세는 부자라고 해서 더 많이 내는 것이 아니고 가난하다고 해서 적게 내는 것도 아니에요. 재벌 총수가 사이다 한 병 마시나 코흘리개 초등학생이 사이다 한 병 마시나 세금은 똑같이 낸단 말이에요. 공평하죠. 그런데 이것은 우리나라만 그런 것이 아니라 세계 모든 나라가 그래요. 이번에는 직접세를 살펴볼까요. 대표적인 직접세는 소득세예요. 소득세에는 크게 개인소득세가 있고 법인소득세가 있어요. 개인소득세란 저처럼 국내에서 공무원으로서 소득을 받게 되는 걸 말하죠. 갑종근로소득세. 만약 외국인 기업체에 취직해서 소득을 얻게 되면 을종근로소득세. 이렇게 구분하죠.

쉽게 말하는 갑근세·을근세가 이런 것이지요.

<제38조>
모든 국민은 법률이 정하는 바에 의하여 납세의 의무를 진다.

라고 규정해 놓고 납세의무를 국민이 성실하게 이행하길 기대하고 있어요. 만약 이행하지 않으면 개인의 삶에 브레이크를 걸죠.

"No taxation without representation(대표 없는 과세 없다)."

이런 말 들어보셨나요?메이플라워 호를 타고서 신대륙으로 갔을 때 그 당시 아메리카 대륙이 영국령이었어요. 그러니까 영국 본국에서 과세를 했단 말이에요. 그때 외쳤던 말이에요. 함부로 과세하지 마라, 세금을 부과할 때는 반드시 국민의 대표, 인민의 대표가 의결하도록 하라는 거예요. 그것이 지금 전 세계에 퍼져 있어요.

<제59조>

조세의 종목과 세율은 법률로 정한다.

조세부과에 관한 기본적인 것은 전부 법률로 정하라는 거예요. 조세의 종목과 세율이라고 하는 중요한 두 가지를 헌법 제59조에서 예를 들어 설명하는데 이걸 예시라고 해요. 그 밖에도 누가 세금을 부과할 거냐(과세권자), 누가 내도록 할 거냐(납세의무자), 그 절차는 어떻게 할 거냐(과세절차), 어떤 세금을 만들 거냐(조세종목), 세율은 어떻게 할 거냐(세율) 등에 대한 기본적인 것들을 국회가 반드시 법률로 정해야 해요. 국회가 이렇게 소득세법을 정하면 대통령이 소득세법 시행령을 규정하고 그걸 받아서 장관이 구체적인 소득세법 시행규칙을 만드는 거죠.

지금 여기 계신 분들 모두가 매일 세금을 내고 있어요. 그렇지만 평소에 세금을 내고 있다는 것을 의식하면서 살지는 않지요. 우리가 날마다 세금을 내기 때문에 대한민국이 서 있을 수 있는 거예요. 국가에는 기본적으로 두 개의 힘이 필요합니다. 하나는 재정력, 다른 하나는 국방력이에요. 이 두 개는 국가를 유지하기 위해 반드시 필요한 힘이에요.

<제23조>

①모든 국민의 재산권은 보장된다. 그 내용과 한계는 법률로 정한다.

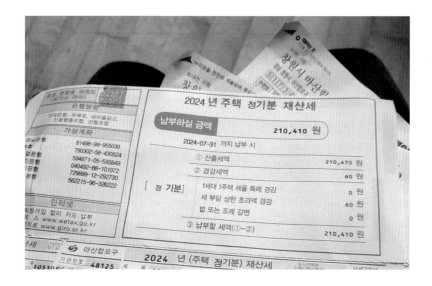

　국민이 세금을 낸다는 것은 곧 국가에게 그 체제를 유지시킬 수 있는 힘을 준다는 뜻이에요. 그래서 납세의무를 신성한 의무라고 해요. 선진국에서는 세금을 많이 내는 사람들이 존경받아요. 저들이 많이 내는 대신 내가 적게 내게 된다, 그래서 세금 많이 내는 사람은 존경받을 만한 사람이라고 여겨요.

　'납세 실적 1위'라면 그는 사회적으로 존경받는 사람일 가능성이 높아요.

<제38조>

　모든 국민은 법률이 정하는 바에 의하여 납세의 의무를 진다.

이렇게 납세의무를 명확히 규정해줘야 헌법 제23조에서 규정하고 있는 개인의 재산권이 보장되는 거예요. 정리하면 제59조 조세법률주의, 제38조 납세의 의무, 제23조 재산권 보장, 이런 식으로 헌법 조문끼리 연결되는 거죠. 만약 한 달에 1,000만 원을 받는 사람과 한 달에 200만 원을 받는 사람이 내는 세금이 비슷하다면, 공정하지 않겠지요? 그렇다면 그건 헌법이나 형법에서 말하는 형평성 또는 비례성의 원칙에 어긋나는 거예요. 앞에서 봤듯이 헌법 제59조에는 평등이라는 말이 없고 조세의 종목과 세율은 법률로 정한다고만 되어 있어요. 그래서 이때 적용되는 아주 중요한 조항이 헌법 제11조예요.

<제11조>

①모든 국민은 법 앞에 평등하다.

"법 앞에 평등하다."는 건 헌법 앞에서도 평등하고, 법률 앞에서도, 시행령 앞에서도, 시행규칙 앞에서도, 관습법 앞에서도, 국제법규 앞에서도 평등하다는 뜻이에요. 이 헌법 제11조 제1항은 세법에도 그대로 적용합니다. 1,000만원 소득자가 한 달에 내는 세금이 30만 원이고, 200만 원 소득자도 역시 30만원의 세금을 낸다면 형식적으로는 평등해요. 숫자상으로도 평등해요. 이는 형식적, 숫자상의 평등이에요. 그러나 이것이 실제적인 평등을 보장하는 것은 아니에요.

이 경우는 많이 버는 사람이 많이 번 만큼 세금을 더 내게 하고 적게 버는 사람은 적게 번 만큼 세금을 덜 내게 하고, 이보다 더 소득이 적은 사람은 아예 세금을 면제시켜주어야 하는 거죠. 이것을 가리켜 정당한 이유가 있는 차별이라고 합니다. 차별이라는 용어가 쓰이긴 했지만 이것이 오히려 평등을 실현하는 거라고 보는 거예요.

소득세의 경우, 소득이 많으면 많을수록 세금이 많이 부과됩니다. 이를 누진과세라고 합니다. 모두가 잘 사는 공평한 사회를 만들려면 누진과세를 잘 부과해야겠지요. 개인소득세도 그렇고 법인소득세도 마찬가지고요. 법인소득이 많으면 많을수록 법인소득세도 높아져야 되는 거예요. 이때 그 비율을 정하는 게 굉장히 중요하겠죠? 그래서 국민의 대표기관인 국회가 법률로 이를 정하라는 거예요.

이때 다시 한 번 등장하는 게 앞에서 살펴본 헌법 제11조입니다. 모든 국민은 법 앞에 평등하다는 것을 전제로 국가는 어떤 경우에도 정당한 이유 없이 국민을 차별하지 말라는 이야기를 계속 하는 거예요. 따라서 조세법률주의 속에는 조세평등주의가 들어 있는 것입니다. 조세평등주의란 세금을 부담할 수 있는 능력에 따라서 세금을 부과하는 걸 말해요.

<제119조>

①대한민국의 경제질서는 개인과 기업의 경제상의 자유와 창의를 존중함을 기본으로 한다.

대한민국의 경제주체는 개인과 기업 둘이에요. 우리 사회의 경제 질서에서 개인의 경제 활동, 기업의 경제 활동을 부정하면 대한민국은 존립할수가 없어요. 이 자리에 있는 수많은 사람이 기업에 의존해서 살고 있는데, 그걸 부정하고 어떻게 대한민국이 존재할 수 있겠어요. 또한 경제상의자유와 창의를 존중하는 데 이걸 가리켜서 '시장경제'라고 합니다.

헌법 제119조에서 규정한 대로 대한민국 경제의 기본은 시장경제예요. 시장경제는 개인과 기업의 경제상의 자유와 창의를 존중하는 것을 기본으로 한다는 겁니다. 우리나라 헌법 질서는 자유로운 경쟁을 보장하고 있어요. 그런데 자유롭게만 경쟁해서는 안 되죠. 매우 중요한 부분이에요. 경쟁을 하되, 공정한 경쟁을 해야 돼요. 그래서 이 부분을 정확하게 해석한다면 'Fair and Free Competition'이 되는 거죠.

옥시사태를 예로 들어보죠.

매우 가슴 아픈 일이에요. 많은 환자와 희생자가 났고 지금도 누군가는그 피해를 고스란히 상처로 안고 살아가야 합니다. 옥시는 물론 자유로운경쟁을 했습니다. 그 덕분에 이익을 창출했죠. 기업이 만들어 내는 돈을가리켜서 이윤Profit이라고 해요. 자유로운 경쟁을 통해서 이윤을 만들어냈잖아요. 그런데 이 결과로 엄청난 문제가 생긴 거죠. 헌법에서는 공정하게 경쟁하라고 했는데 말이에요. 그럼 지금이라도 공정하게 손해를 배상해줘야 하는 것이죠.

우리 헌법은 모든 국민이 태어나는 순간 자유롭고 평등한 존재라고 인정하고 있어요. 우리 헌법은 강자만을 위한 질서가 아니에요. 선거를 통해서 승자와 패자가 나누어지더라도 우리 헌법은 패자를 버리지 않고 오히려 패자를 보호하는 조항을 헌법에 규정해 놓았어요.

우리 헌법은 승자독식의 헌법이 아닙니다. 이 말은 2009년 11월에 전북 대에서 법대 교수로 재직하고 있을 때 서울 조계사에서 전국시민단체 운동가들 모인 적이 있어요. 그때 촛불집회가 있었는데 그 자리에서 제가 처음 한 말이에요. "우리 헌법은 승자독식의 헌법이 아닙니다."라고.

반대로 미국 대통령 선거처럼 승자가 모조리 독식하는 경우도 있죠. 'A Winner Takes All'. 승자가 다 가져간다는 뜻이에요. 그런데 우리 헌법은 승자의 지위를 보호하면서 동시에 패자를 보호한단 말이에요.

<제119조>

②국가는 균형있는 국민경제의 성장 및 안정과 적정한 소득의 분배를 유지하고, 시장의 지배와 경제력의 남용을 방지하며, 경제 주체간의 조화를 통한 경제의 민주화를 위하여 경제에 관한 규제와 조정을 할 수 있다.

이게 경제민주주의 조항이에요. 이 조항은 앞의 시장경제를 수정하는 조항이기 때문에 사회적 시장경제질서 조항이라고 해요. 즉 제119조 제1항은 시장경제 질서 조항, 제2항은 사회적 시장경제질서 조항이에요. 이때 사회적이라는 수식어는 사회적 약자를 향하고 있어요. 사회적 약자에 대해서 국가가 "걱정하지 마세요. 국가는 당신을 보호할 겁니다."라고 말하는 거예요. 또한 "적정한 소득의 분배를 유지하고"라고 말하면서 균형

Balance을 유지하도록 규정하고 있어요. 강자에 치우치는 것이 아니라 강자도 바라보고 약자도 바라보라는 거죠.

특히 주의해서 봐야 할 부분은 적절한 소득의 분배가 아니고 적정한 소득의 분배라는 거예요. '적절한' 보다 더 강하게 규제를 가하는 것이 '적정한'이에요. 쉽게 말하면 돈이 많은 사람의 것을 가져다가 돈이 적은 사람에게 배분하는 거죠. 법적으로 표현하면 과세권을 행사하는 거예요. 그래서 선진국일수록 간접세보다 직접세 비중이 훨씬 높아요. 조세 정의와 조세 평등의 원칙을 정확하게 실현하기 위해서는 직접세의 비중을 높여야 된다는 거예요. 그렇게 해서 적정한 소득의 분배를 유지하게 한다는 거죠.

우리 헌법은 조화를 매우 강하게 강조해요. 경제에서도 경제주체인 개인과 기업 사이의 조화, 개인과 개인 사이의 조화를 중요하게 생각해요. 이걸 헌법 제119조 제2항이 말하고 있는 거예요.

우리나라는 헌법 제119조 제1항에 따라서 기업은 개인이 자유롭게 설립할 수가 있어요. 수많은 사기업이 존재할 수 있는 근거가 되는 거죠. 그 사기업을 국유화할 수 있을까요? 국유화란 개인 소유를 국가 소유로 한다는 것이죠. 물론 가능합니다.

인천국제공항 민영화, 들어보셨을 거예요. MB정부 때 일이에요. 저는 그 말을 들었을 때 잠이 안 오더라고요. 민영화가 아니고 정확하게 사유화라고 표현해야 하는 거예요. 민영화와 사유화는 어감이 굉장히 다르죠. 정부에서 용어로 국민을 현혹시킨 거예요. 그 속내는 인천국제공항을 개인에게 줘버리겠단 거예요. 그렇게 사유화한 덕분에 공항 이용료가 몇 배로 올라가도 아무도 손을 못 대요. 인천국제공항은 개인 것이니까요. 도로공사 통행료 내는데 이용자들이 통행료 내는 거 결정하는 데 개입 못 하듯이 말이에요.

반대로 경우에 따라 사기업을 국유화할 수도 있어요. 특히 기간산업인 전기·가스·물 이런 것은 할 수 있어요. 전기세·수도세가 싼 이유는 개인이 아닌 국가가 국유화한 사업이기 때문인 거죠.

<제126조>
국방상 또는 국민경제상 긴절한 필요로 인하여 법률이 정하는 경우를 제외하고는 사영기업을 국유 또는 공유로 이전하거나 그 경영을 통제 또는 관리할 수 없다.

사영기업을 국유 또는 공유로 이전하거나 경영을 통제 또는 관리하려면 반드시 법률로 하라고 했죠. 이 부분에서 국회의 역할이 매우 중요해요. 국회만이 법률을 제정할 수 있으니까 국회에서 법률로 정할 때 이 부분을 충분히 고려해야 하는 거죠.

국가가 국민의 경제생활에 개입하는 것에 대해 좀 더 살펴볼게요. 국민들이 바라듯이 국가경제가 잘 굴러가면 좋겠지만 혹시라도 기업이 부도가 난다든가 할 수 있잖아요. 그래서 헌법 제76조는 아주 중요한 규정을 하고 있어요.

<제76조>

①대통령은 내우·외환·천재·지변 또는 중대한 재정·경제상의 위기에 있어서 국가의 안전보장 또는 공공의 안녕질서를 유지하기 위하여 긴급한 조치가 필요하고 국회의 집회를 기다릴 여유가 없을 때에 한하여 최소한으로 필요한 재정·경제상의 처분을 하거나 이에 관하여 법률의 효력을 가지는 명령을 발할 수 있다.

아주 무서운 조항이죠? 이게 바로 긴급·재정·경제명령 조항이에요. 헌법 제76조 제1항이 바로 긴급재정경제명령이에요.

여러분, YS 정부 때 도입된 금융실명제 기억하시죠. 만약 그때 국회에 맡겼으면 국회에서 자기들끼리 하네, 못 하네 하면서 싸웠겠죠. 그사이에 검은 손들이 다 도망가버리면 어떻게 하겠어요. 그래서 김영삼 대통령이 이 긴급재정경제명령을 이용해서 금융실명제를 전격적으로 선언해버렸죠. 그나마 우리나라 경제 질서에 공정성과 투명성이 상당히 확보된 시점이죠. 그 덕분에 그전까지 우리 경제를 좀먹던 검은 돈이 지금은 제대로 움직이지 못하고 있는 거예요. 누가 누구에게 입금했다, 이런 것이 금융실명제 덕분에 금방 드러나잖아요.

지금까지 살펴본 것처럼 국가 재정력의 토대를 이루는 건 다른 누구도 아닌 개인 한 사람 한 사람의 경제력을 바탕으로 하는 거예요. 그 위에 지금의 대한민국이라는 한 국가가 서 있는 거죠. 그러니까 국민 한 사람 한 사람은 '내가 날마다 세금을 내고 있다. 내 세금으로 대한민국을 바로 세우고 있다.'는 자부심을 가져야 돼요. 국민의 재산권이 정당하게 보장되면 국민도 납세의무를 성실하게 이행할 수 있고, 동시에 국가 재정력도 같이 탄탄해진다는 거죠.

우리나라 경제는 사실 대외 의존도가 아주 커요. 우리나라 수출 규모가 세계 7위라고 하는데 대외의존도가 높으면 높을수록 다른 나라와 동반한 경제 위험도 커질 수밖에 없어요. 그래서 경제는 내수시장이 안정적으로 이루어져야 되는 거예요. 결국 내수시장이 잘 돌아가기 위해서는 국민 호주머니에 돈이 있어야 되는 거고, 노동자 보호가 이 부분에서 나오는 거예요. 노동자들을 보호해야 노동자 호주머니에 돈이 들어가고 그 돈이 다시 소비된단 말이에요.

이런 화폐의 순환이 곧 우리나라 경제를 돌아가게 하는 거예요. 노동자 보호는 노동자를 위해서만이 아니라 우리나라 경제를 살리기 위해서라도 반드시 해야되는 거예요.

<제32조>
①국가는 사회적·경제적 방법으로 근로자의 고용의 증진과 적정임금의 보장에 노력하여야 하며, 법률이 정하는 바에 의하여 최저임금제를 시행하여야 한다.

헌법 제32조 제1항에서는 고용 증진과 적정임금 보장이란 용어가 나오고, 임금에 대해서는 적정임금과 최저임금이란 용어가 나옵니다. 지향점은 적정임금에 두라는 거예요. 설사 이것을 보장 못 하더라도 더 이상은 내려갈 수 없다는 것이 바로 최저임금이에요.

우리 아이들 시간제 노동(속칭 아르바이트) 많이 하죠. 그런데 계약서도 안 쓰고 해요. 자신의 노동력을 제공하면 누구나 노동자예요. 15세가 됐든 25세가 됐든 35세가 됐든 노동자란 말이에요. 학생의 신분을 가지고 동시에 노동자의 신분을 가지고 있단 말이죠. 노동자의 신분을 가지고 있는 그 학생은 노동자로서 헌법의 보호를 받아야 되고 법률적 보호를 받아야 되는 거예요.

전에 어떤 학생을 만났는데, 이 학생이 고민이 있대요. 무슨 고민이냐고 묻자 이렇게 말해요.

"전에 주유소에서 알바를 했는데 돈을 안 줘요."

"왜 안 줘?"

"못 주겠대요."

"받을 게 얼만데?"

물으니,

"60만 원이요."

이라고 해요. 그러면서 이렇게 물어요.

"교육감님이 도와줄 수 있어요?"

"그래, 내가 법적 조치를 취할 수 있도록 도와줄게."

학교를 나오는데 휴대전화기에 문자 한 통이 왔어요. 그 아이가 보낸 문자예요.

"교육감님, 고맙습니다. 앞으로 계속 연락 드려도 되지요?"

교육청에 들어가자마자 공인노무사를 찾았어요.

"이 학생 만나서 업주한테 청구하고 조치하지 않으면 법적으로 나가겠다고 하세요."

그 학생이 그날 저녁에 주유소 주인을 만나러 갔었지요.

"아저씨, 우리 교육감님 만났는데요. 법적 조치를 취해주겠대요."

그 주인은 어떻게 했을까요. 이 학생에게 바로 아르바이트비를 지급했어요. 학생이든 아니든 노동력을 제공했으면 그에 맞게 정당한 임금을 받아야 되는 거죠. 그런데 이런 일을 누가 해야 합니까? 교육감이? 아닙니다. 이런 일은 바로 국가가 해야 되는 거예요.

그렇지만 국가는 국민이 요구하지 않으면 그 소리에 귀 기울이지 않아요. 먼저 알아서 국민을 챙겨주지 않는단 말이에요. 국민이 알고 국민이 외쳐야 돼요. 국민의 삶과 경제관이란 정말 밀접한 관계가 있는 거예요.

우리 헌법에는 몇 가지 아주 중요한 원리가 있어요. 먼저 국민 주권의 원리, 민주주의의 원리 그리고 법치국가의 원리가 있어요. 또 권력분립의 원칙이 있죠. 또 하나 빼놓을 수 없는 것이 사회국가의 원리예요. 사회국가 원리라고 하는 것은 사회의 약자를 보호하기 위한 원리예요.

<제32조>

④여자의 근로는 특별한 보호를 받으며, 고용·임금 및 근로조건에 있어서 부당

한 차별을 받지 아니한다.

이 조문에서 여자의 근로라는 표현은 살짝 아쉬워요. 양성평등이라고 하지 양자평등이라고 하지 않잖아요. 여기서도 여성의 근로라는 표현으로 고쳐 써야 해요. 어찌 됐든 우리 헌법은 사회적 약자인 여성을 보호하기 위한 조항을 두고 있단 말이에요.

<제32조>
⑤연소자의 근로는 특별한 보호를 받는다.

제32조에는 이렇게 여성뿐 아니라 연소자를 위한 조항도 있어요. 사회적 약자들을 헌법이 직접 챙기고 있는 거예요. 이런 조항들을 국가가 하나하나 빠짐없이 적용하다 보면 국민의 삶이 건강해지고, 그리고 국가에 대한 국민의 신뢰가 높아지겠죠.

<제10조>
모든 국민은 인간으로서의 존엄과 가치를 가지며, 행복을 추구할 권리를 가진다.

흔히 말하는 행복추구권이에요. 하지만 행복한 삶을 살기 위해서는 최소한의 물적 수단이 필요해요. 이 최소한의 물적 수단을 국가가 보장해주어야 하는 거예요.

키세스 시위 / 정혜경 국회의원실 제공

한 번은 독일에 갔다가 프랑크푸르트공항에서 기다리는데 옆에서 어떤 할머니가 서 계셨어요. 기다리는 게 지루하니까 이 할머니와 이야기를 나누게 됐어요. 핀란드에서 부부 삼십 쌍이 카이로에 간다고 해요. 당시 이집트에서 재스민 혁명이 일어날 때예요. 그분이 80대인데도 공무원을 하고 있대요.

그런데 이야기하는 내내 첫 문장을, "우리 정부가 우리에게 말하기를"로 시작해요. "우리 정부가 우리에게 말하기를 가능하면 카이로에 들어가지 말 것이고 그래도 들어가고 싶다면 빨리 일정을 단축해서 나오라."고 했다고. 이야기를 듣는 내내 정부를 깊이 신뢰한다는 것을 느낄 수 있었어요. 우리 국민도 그렇게 정부를 신뢰하는 날이 올 수 있었으면 좋겠어요. 그러려면 국민이 헌법에 대해 더 많이 알아야 하고, 깊이 관심을 가져야 해요. 자신의 권리를 자신의 힘으로 찾을 수 있으려면 헌법이 하고자 하는 목소리를 들을 수 있어야 하니까요.

부록

12.3 비상 계엄 이후
제기된 헌법적 쟁점에 관한
지은이의 글모음

Pacta Sunt Servanda

비상계엄 해설

계엄에는 비상계엄과 경비계엄이 있습니다.

비상계엄을 선포할 수 있는 요건은 헌법 제76조 제1항이 규정하고 있고, 계엄법이 그 요건을 더 구체적으로 규정하고 있습니다.

헌법 제77조 제1항은 "대통령은 전시·사변 또는 이에 준하는 국가비상사태에 있어서 병력으로써 군사상의 필요에 응하거나 공공의 안녕질서를 유지할 필요가 있을 때는 법률이 정하는 바에 의하여 계엄을 선포할 수 있다."라고 규정하고 있고, 같은 조 제2항은 "계엄은 비상계엄과 경비계엄으로 한다."라고 규정하고 있습니다.

계엄법 제2조 제2항은 "비상계엄은 전시·사변 또는 이에 준하는 국가비상사태 시 적과 교전 상태에 있거나 사회질서가 극도로 교란되어 행정 및 사법 기능의 수행이 현저히 곤란한 경우에 군사상 필요에 따르거나 공공의 안녕질서를 유지하기 위하여 선포한다."라고 규정하고 있습니다.

비상계엄이 선포된 경우, 그것이 헌법과 계엄법이 규정하는 요건을 충족하고 있는지, 달리 표현하면 비상계엄의 선포가 헌법과 법률에 위반하는 것인지 여부를 판단하는 권한은 국회가 가지고 있습니다.

헌법 제77조 제5항은 '국회가 재적의원 과반수의 찬성으로 계엄의 해제를 요구한 때에는 대통령은 이를 해제하여야 한다."라고 규정하고 있습니다.

헌법 제89조 제5호는 대통령 계엄의 선포와 해제를 국무회의의 심의 사항으로 규정하고 있습니다. 다만, 국회가 재적의원 과반수의 의결로 계엄의 해제를 요구한 경우 대통령과 국무회의는 국회의 요구를 받아야 할 것인지 거부해야 할 것인지에 관한 재량권은 없습니다.

대통령의 비상계엄 선포는 헌법이 규정하는 요건을 엄격하게 충족해야 합니다. 비상계엄 선포에 관하여 헌법이 규정하는 절차적 정당성과 내용의 정당성을 갖춰야 합니다. 헌법은 그러한 요건을 갖추지 못한 비상계엄에 대한 통제권을 국회에 부여하고 있습니다.

국회가 대통령에게 비상계엄의 해제를 요구하고 대통령이 국회의 해제 요구에 따라 비상계엄을 해제하더라도 문제는 남아 있습니다.

대통령의 계엄 선포가 명백하고 중대한 헌법위반의 하자를 갖고 있는 경우, 그것은 대통령에 대한 탄핵 사유가 됩니다. 이와 함께 대통령은 헌법 제84조가 규정하고 있는 대통령 형사상의 특권, 즉 불소추 특권을 상실합니다. 헌법 제84조는 내란죄 또는 외환죄를 범한 경우 대통령 형사상의 특권을 배제하고 있습니다.

대통령의 비상계엄 선포가 중대한 헌법위반인 경우 그 행위는 형법 제87조의 내란죄에 해당합니다. 형법 제87조는 "……국헌을 문란하게 할 목적으로 폭동을 일으킨 자는 다음 각호의 구분에 따라 처벌한다."라고 규정하고 있습니다.

수사 기관은 대통령을 (사전)영장 없이 체포할 수 있습니다. 이와 관련하여 헌법 제12조 제3항 단서는 "다만, 현행범인인 경우와 장기 3년 이상에 해당하는 죄를 범하고 도피 또는 증거인멸의 염려가 있을 때에는 사후에 영장을 청구할 수 있다."라고 규정하고 있습니다.

헌정질서 파괴 범죄의 공소시효 적용 등에 관한 특례법 제2조와 제3조에 따라 내란죄에는 공소시효의 적용이 배제됩니다.

이와 함께 대통령이 그 직무수행에 있어서 헌법이나 법률을 위배하고, 그것이 중대한 헌법위반 또는 중대한 법률 위반에 해당하는 경우 국회는 대통령에 대한 탄핵소추를 할 수 있고 (헌법 제65조), 헌법재판소는 탄핵심판을 할 수 있습니다(헌법 제111조 제1항 제2호).

** 참고 사항

헌법 이론상 국가긴급권Staatsnotstandsrecht이라는 것이 있습니다. 국가긴급권은 국가비상사태 시에 발동될 수 있는 권한입니다. 독일의 헌법학자 클라우스 쉬테른Klaus Stern에 따르면, 국가비상사태란 "헌법에 규정되어 있는 정상적인 수단으로는 극복할 수 없고, 예외적인 수단으로만 극복할 수 있는 국가의 존립이나 공공의 안전과 질서에 대한 심각한 위험 상태"를 말합니다. 이러한 국가비상사태를 극복하고 국가긴급권 행사의 남용을 방지하기 위하여 각국의 헌법은 국가긴급권에 관한 규정을 두고 있습니다. 우리나라 헌법이 규정하는 비상계엄과 경비계엄이 그 전형적인 예에 속합니다.

　헌법 제77조 제5항은 "계엄을 선포한 때에는 대통령은 지체없이 국회에 통고하여야 한다."라고 규정하고 있고, 같은 조 제6항은 "국회가 재적의원 과반수의 찬성으로 계엄의 해제를 요구한 때에는 대통령은 이를 해제하여야 한다."라고 규정하고 있습니다. 이와 함께 같은 조 제5항은 "비상계엄이 선포된 때에는.........정부나 법원의 권한에 관하여 특별한 조치를 할 수 있다."라고 규정하고 있습니다. 이 3개의 항이 의미하는 것은 비상계엄의 선포로 국회의 권한을 제한할 수는 없다는 것입니다. 이렇게 규정하고 있는 목적은 비상계엄의 선포·유지·해제에 관한 것을 국민의 대의기관인 국회의 통제 하에 두기 위한 것입니다.

2024. 12. 4.

헌법재판소가 대통령에 대한 탄핵 심판의 심리를 하려면 재판관 7인 이상이 있어야 하는데, 현재의 재판관은 6명. 그럼 어떻게?

헌법재판소의 심리에는 두 개의 정족수가 있습니다. 하나는 심리정족수이고, 다른 하나는 결정정족수입니다. 회의체의 회의에 의사정족수와 의결정족수가 있는 것과 마찬가지입니다. 예를 들어 국회법 제73조 제1항은 "본회의는 재적의원 5분의 1이상의 출석으로 개의한다."라고 규정하고 있습니다.

국회가 대통령에 대한 탄핵소추안을 재적의원 3분의 2 이상의 찬성으로 의결하여 헌법재판소에 송부하면, 헌법재판소는 국회의 탄핵 심판청구에 대한 심리와 결정을 해야 합니다.

문제는 헌법재판관 9인 중 현재 3개의 자리가 공석 상태라는 것입니다. 결정에 앞서서 채워야 하는 심리정족수 7인의 재판관에 1명이 부족한 것입니다. 당연히 사사오입四捨五入 할 수 없습니다.

이 경우 대통령의 권한 행사는 어떻게 되는가에 대한 의문이 있을 수 있습니다.

헌법은 이 경우에 대비하여 헌법 제65조 제3항에서 "탄핵소추의 의결을 받은 자는 탄핵 심판이 있을 때까지 그 권한 행사가 정지된다."라고 명확히 규정하고 있습니다.

국회가 대통령에 대한 탄핵소추안을 의결하면 국회의장은 대통령에게 통지하고, 대통령은 그 시점부터 어떠한 권한 행사도 할 수 없습니다. '권한 행사의 정지'에는 개념 내재적으로Begriffsimmanent '대통령실에 출입할 권한의 정지'도 포섭됩니다.

** 참고 조문

헌법재판소법 제23조(심판 정족수)

제1항: 재판부는 재판관 7인 이상의 출석으로 사건을 심리한다.

제2항: 재판부는 종국심리終局審理에 참여한 재판관 과반수의 찬성으로 사건에 관한 결정을 한다. 다만, 다음 각호의 어느 하나에 해당하는 경우에는 재판관 6인 이상의 찬성이 있어야 한다.

제1호: 법률의 위헌결정, 탄핵의 결정, 정당해산의 결정 또는 헌법소원에 관한 인용 결정을 하는 경우

헌법 제65조 제3항: 탄핵소추의 의결을 받은 자는 탄핵 심판이 있을 때까지 그 권한 행사가 정지된다.

2024.12.5.

비상계엄 수업

저는 전북대학교 법과대학과 법학전문대학원에서 헌법 강의를 할 때 저의 강의를 듣는 학생들과 함께 반드시 짚어 나가는 항목들이 있었습니다.

그것은 이렇습니다.

헌법 조문에 대한 정확한 이해, 그 해당 헌법 조문(또는 헌법 규범)과 헌법현실의 관계, 연관되는 헌법사憲法史, 다른 나라 헌법과의 비교(비교헌법), 관련되는 한국의 판례와 외국의 판례, 외국 헌법학자들의 이론 등이었습니다.

여기에서 중요한 것이 헌법조문(또는 헌법규범)과 헌법현실 사이의 관계에 관심을 기울이는 것입니다.

80년대 후반 어느 날 법과대학 헌법 강의 시간에 저는 학생들에게 국가긴급권에 관한 강의를 했습니다. 우리나라 헌법은 물론이고 거의 모든 나라 헌법들이 헌법에 국가긴급권(우리나라 헌법의 경우 대통령의 계엄선포권과 긴급명령권 및 긴급재정경제명령권)을 명확히 규정하는 취지를 강조해서 설명합니다.

헌법에 국가긴급권을 명시하는 취지는, 헌법에 국가긴급권을 발동할 수 있는 사람, 그 요건, 사전, 사후 통제 장치 등을 명확히 규정해 둠으로써 국가비상사태가 발생했을 때 적시適時에 대응할 수 있도록 하고, 동시에 국가긴급권의 남용과 오용을 방지하자는 것입니다.

학생들에게 질문해 보았습니다.

"우리나라에서 앞으로 대통령이 계엄령을 발동할 수 있을까요? 라는 질문을 학생들에게 한 것입니다. 가능하다, 가능하지 않다, 잘 모르겠다 라는 것으로 대답이 갈렸고, 다른 학생들에게 서로 물어보는 학생들도 있었습니다.

저는 웃으면서 "앞으로는 계엄령, 특히 비상계엄령 발동은 불가능해요. 그 이유가 뭘까요? 비상계엄을 선포할 때 반드시 나타나는 것이 있거든요. 그건 탱크예요. 지금 서울의 교통 상황을 보세요. 탱크가 움직일 수 있겠어요. 비상계엄은 헌법 규범적으로는 가능하지만, 헌법현실적으로는 불가능한 거예요."라고 설명하자 학생들이 "아하~~~"라는 반응을 보였습니다. 제가 이런 설명을 통해서 하고 싶은 말이 또 하나 있었습니다. 그것은 대한민국은 서울공화국이다, 한 나라의 정치·경제·사회·문화의 모든 힘이 하나로 집중되어있는 나라는 대한민국밖에 없다. 이것은 기형畸形이다, 라는 말을 하고 싶었던 것입니다.

제가 학생들에게 "앞으로는 계엄령, 특히 비상 계엄령 발동은 불가능하다."라고 자신 있게 했던 것은 2024.12.3. 22:27 현직 대통령이 주도한 내란을 통해서 계엄이 보기 좋게 무너졌기 때문이었습니다.

2024.12.6

비상계엄 선포가 대통령의 고도의 통치행위라고?

12월 3일 대통령 윤석열이 행한 비상계엄 선포 행위를 '대통령의 고도의 통치행위'라고 말하는 정치인들이 있다.

통치행위는 그것을 선포한 자에 대한 사법적 통제를 면제하기 위하여 만들어진 '과거의' 헌법 이론이었다. 통치행위는 그것을 선포하는 사람에게 '법이 침투할 수 없는 공간', 표현을 달리하면 '법에서 자유로운 공간 Rechtsfreier Raum'을 만들어 주기 위해 나온 이론이었다.

한때 지배적인 헌법 이론의 자리를 지켰던 통치행위 이론이었지만, 제2차 세계대전 후에 사라졌다.

통치행위 이론은 헌법상의 민주주의 원칙, 법치국가 원칙, 기본권 보장의 원칙을 훼손하면서 비판의 십자포화Kreuzfeuer der Kritik; cross fire of criticism를 맞은 것이다.

어느 나라에서든 국가비상사태의 잠재적 가능성은 존재한다. 이에 대비하기 위하여 현대 대부분의 국가는 헌법에 명문明文으로 국가긴급권을 규정하고 있다. 우리나라 헌법도 제76조에서 긴급재정경제명령권과 긴급명령권을, 제77조에서 계엄선포권(비상계엄과 경비계엄)을 규정하고 있다.

국가긴급권 이론의 탁월한 권위자라고 볼 수 있는 독일의 헌법학자 클라우스 쉬테른Klaus Stern에 따르면 국가비상사태Staatsnotstand란 헌법에 규정되어 있는 정상적인 수단으로는 극복할 수 없고 예외적인 수단으로만 극복할 수 있는 국가의 존립·안전이나 공공의 안전과 질서에 대한 심각한 위험 상태를 말한다. 국가비상사태의 가장 전형적인 사례가 '전쟁'이다.

각국이 헌법에 명문으로 미리 국가긴급권의 발동 요건, 절차, 효과, 통제 수단 등을 규정해 두는 목적이 있다. 그것은 국가긴급권은 국민의 기본권 내지는 인권을 침해할 가능성이 매우 높기 때문이다.

헌법이 국가긴급권을 규정하는 목적은 국가긴급권 발동의 가능성을 열어 두면서, 동시에 그 남용의 위험을 차단하기 위한 것이다.

비록 대통령이 헌법 조항을 그 근거로 들어 국가긴급권(예를 들어 비상계엄)을 선포했다 하더라도, 그러한 행위는 수사기관의 수사와 법원 재판의 대상이 된다.

대통령의 비상계엄 선포 행위를 통치행위 이론으로 정당화하는 것은 헌법학 이론의 유물이 되었다.

1979년 12월 12일과 1980년 5월 18일을 전후로 한 신군부의 행위에 통치행위 이론이 적용되지 않은 이유도 이 때문이다.

〈헌정질서 파괴 범죄의 공소시효 등에 관한 특례법〉 제1조와 제2조는 형법상의 내란죄와 외환죄 및 군형법상의 반란죄와 이적죄에는 공소시효의 적용을 배제하고 있다.

현행 헌법과 법률 어디에도 대통령에게 '법에서 자유로운 공간'을 허용하지 않고 있다. 대법원의 판례에 따라 헌법상을 위반하는 비상계엄 선포 행위는 내란죄이다.

2024. 12.12

계산해 보았습니다

1. 노무현 대통령 탄핵

2004년 3월 9일 - 국회 탄핵소추안 가결

2004년 5월 14일 - 헌법재판소 탄핵 심판청구 기각 결정

탄핵소추부터 탄핵 심판까지 걸린 기간 - 67일

2. 박근혜 대통령 탄핵

2006년 12월 9일 - 국회 탄핵소추안 가결

2007년 3월 10일 - 헌법재판소 탄핵 심판청구 인용 결정. 박근혜 대통령 파면.

탄핵소추부터 탄핵 심판까지 걸린 기간 - 92일

3. 윤석열 대통령 탄핵

2024년 12월 14일 - 국회 탄핵소추안 가결

탄핵소추부터 현재까지 지나간 기간 - 21일

윤석열의 '중대하고 명백한' 패착은 헌법 제77조 제5항이 규정하고 있

는, 대통령의 계엄선포에 대한 국회의 통제권인, 계엄해제요구권 행사를 원천적으로 봉쇄하려고 했다는 것입니다. 이 행위는 '미수未遂' 아니라 '기수旣遂'입니다.

오늘 공수처가 국민들에게 고백한 것이 있습니다.

'우리 공수처는 이 정도로 무능합니다. 국민 여러분! 공수처에 더 이상 기대하지 마십시오. 그래도 우리는 모두 국가공무원으로서 월급은 계속 받아야겠습니다. 만에 하나라도 월급을 주지 않으면 우리는 관련자들을 직무 유기 혐의로 적법절차에 따라 엄중히 처리할 것입니다.'라는 것 아닐까요?

노무현 대통령에 대한 탄핵소추부터 탄핵 심판까지 걸린 기간 67일에서 윤석열 대통령 탄핵소추안 가결부터 현재까지 지나간 기간 21일을 빼면 남아 있는 기간은 46일입니다(67일 − 21일 = 46일).

헌법재판소는 대통령 윤석열 탄핵 심판청구 사건의 쟁점을 4가지로 간결하게 정리해 놓았습니다.

2025.1.3.

"비상계엄은 원칙적으로 통치행위입니다. 그에 대해서 이의가 없는 것으로 알고 있는데."

탄핵 심판청구 피청구인(대통령 윤석열) 측 소송대리인의 입에서 나온 말입니다.

저는 묻고 싶습니다. 비상계엄은 원칙적으로 통치행위라고 말하는 헌법 전문가가 '아직도' 있습니까? 있다면 그 헌법전문가는 누구입니까?

통치행위統治行爲 이론이 한때 있었던 것은 사실입니다.

아돌프 히틀러Adolf Hitler 치하의 독일에서(Regierungsakt), 영국에서(Royal Prerogative), 프랑스에서(Acte De Gouvernement), 일본에서(또 오찌꼬오이とうちこうい) 그리고 한국에서 통치행위 이론이 있었습니다.

영원히 존속할 것 같았던 통치행위 이론은 제2차 세계대전이 끝나고 각 국에서 '법의 지배' 이론 또는 '법치국가 이론'이 정착되면서 지금은 '헌법학의 유물'로 전락해 버렸습니다. 굳이 이름을 붙이자면 통치행위 이론은 '헌법 박물관'의 대표적 전시물 중 하나입니다.

지금은 국가권력의 이름으로 행사되는 모든 행위가 헌법과 법률의 통제를 받고 있습니다.

공부합시다, 제발!

시대가 근본적으로 변한 줄도 모르고 마치 주문呪文처럼 통치행위 이론을 주장하는 분들에게 정중히 권합니다. 독일연방 헌법재판소의 판례 중 헌법학 이론의 금자탑이 되어 있는 판례 한 건만, 처음부터 끝까지, 부사 하나라도 건너뛰지 말고, 정독精讀해 보십시오.

2025.1.6

헌법재판소가 탄핵 심판청구를 인용하면?

헌법 제65조 제3항에 따라 권한 행사가 정지된 대통령 윤석에 대한 헌법소원 심판 청구 재판절차가 진행되고 있습니다.

탄핵 심판과는 별개로 내란죄, 외환죄 등 형사범죄에 대한 수사가 진행되고 있고, 수사기관이 기소하면 그때부터 대통령 윤석열의 형사법상 신분은 '형사피의자'에서 '형사피고인'으로 바뀝니다.

체포에 이어 법원의 구속영장 발부로 구속拘束이 이루어지면, 그때부터는 '구속 형사피고인'이 됩니다.

증인·증거 신청, 증인 신문, 변론 기일 연기 신청 등 형사피고인 측은 재판부의 허가를 얻어 형사재판 절차를 최대한 끌고 갈 수도 있습니다.

대통령 윤석열에 대한 형사재판 진행 절차가 어떻게 흐르든 관계없이, 탄핵 심판 청구 사건에 대해 헌법재판소가 심리 종결을 선언하면 바로 선고가 이루어집니다.

피청구인 대통령 윤석열 스스로 남겨 둔 탄핵 사유들은 내용상 중대하고 객관적으로 명확합니다. 이 때문에 탄핵 심판의 시간은 많이 걸리지 않을 것으로 예상됩니다.

헌법재판소장 권한대행이 "피청구인 대통령 윤석열을 파면한다."라는 결정 주문을 선고하면 대통령 직위는 상실됩니다.

그때부터 형사피의자 또는 형사피고인 윤석열은 일반 형사범과 동일한 취급을 받게 됩니다. 대통령이라는 직책은 사라지고, '국민의 한 사람'이 되는 것입니다.

2025. 1. 10

최소량의 법칙과 헌법재판소의 탄핵 심판

"최소량의 법칙"이라는 이론이 있습니다. 독일의 화학자 유스투스 폰 리이비히Justus von Liebig(1803~1873)가 주장한 이론입니다.

이 이론에 따르면 식물이 건강하게 성장하기 위해서는 물, 빛, 온도 등 소위 필수 영양소Nährstoffe; nutrients가 필요한데, 그중 하나만 없어도 식물의 성장은 제한된다는 것입니다. 식물은 그 성장에 필요한 영양소 중 가장 적은 양의 영양소에 따라 결정된다는 것을 의미합니다. 이것은 식물뿐만 아니라 모든 유기체의 성장에 적용되는 이론이기도 하고, 다른 학문 분야에서도 응용하는 이론입니다.

저는 "최소량의 법칙"을 2017년에 헌법재판소가 선고한 박근혜 대통령 탄핵 심판청구 결정에서 발견했습니다.

헌법재판소는, 소추위원 측이 탄핵 심판청구서에 적시摘示한 모든 청구 사유를 인용한 것은 아니었습니다. 제가 가장 크게 놀라기도 했고, 이해하기 어려웠던 것은 헌법재판소가 2014년 4월 16일 세월호 참사에 대한 박근혜 대통령의 책임을 인정하지 않은 것이었습니다. 이것은 세월호 참사 희생자의 생명 보호에 대한 국가의 책임을 인정하지 않았다는 것을 의미합니다. 피청구인인 대통령은 골든타임 7시간 동안 어디에서 무엇을 하고 있었는지 전혀 증명하지 못했습니다. 그것은 국민의 생명에 대한 국가의 보호 의무를 저버린 것이었습니다.

그 결과 박근혜 대통령 탄핵 심판청구 사건에서 재판관 8인(박한철 소장은 2017년 1월 31일 정년 퇴임) 모두가 찬성하는 선에서, 즉 최소한의 선에서 '파면' 의견에 합의가 이루어졌고, 이러한 결론 도출을 '최소량의 법칙"에 따라 해석해 볼 수도 있습니다.

대통령 윤석열에 대한 탄핵 심판청구의 변론 준비기일에서 재판부는 청구 사유를 4가지로 정리했습니다. 헌법재판소는 소추위원 측의 청구 사유 모두를 인용할 수도 있고, '최소량의 법칙Gesetz des Minimums; law of minimum'에 따라 한두 개의 청구 사유만 인정할 수도 있습니다.

어느 쪽에 의하든 결론은 '피청구인 대통령 윤석열을 파면한다.'입니다.

2025. 1. 10

현행범인인 경우 국회의원도 체포당할 수 있을까요?

형사소송법 제212조(현행범인의 체포)는 "현행범인은 누구든지 영장 없이 체포할 수 있다."라고 규정하고 있습니다.

이 조문의 "누구든지"란 체포의 주체를 의미합니다. "누구든지"란 경찰공무원, 검사와 검찰수사관은 물론이고, '모든 국민'을 포함하는 용어입니다.

길을 걷고 있는 도중 '저 소매치기 잡아라!'라는 소리와 함께 소매치기가 내 앞으로 달려오고, 그 뒤를 소매치기당한 사람이 쫓아올 때, 내가 그 소매치기 현행범을 체포할 수 있습니다. 국민 누구나 현행범인 체포의 권한을 갖고 있기 때문입니다.

현행범인에 대해서는 예외 없이, 그 현행범인이 현직 국회의원인 경우에도, 국민 누구나 영장 없이 체포할 수 있을까요? 답은 '체포할 수 있다.'입니다.

헌법 제44조는 국회의원의 불체포특권을 규정하고 있는데, 해당 국회의원이 현행범인인 경우에는 불체포특권의 예외를 규정하고 있습니다.

현행범인에 대해서는 누구든지 영장 없이 체포할 수 있도록 하는 입법 취지가 있습니다. 그것은, 현행범인 체포는 범죄의 증거가 명확하고, 신속한 체포의 필요성이 높으며, 불법 체포의 위험이 거의 없기 때문에, 형사 사법권의 적시^{適時}의 행사를 가능하게 하겠다는 것입니다.

국회의원의 불체포특권의 또 하나의 예외가 있는데, 그것은 국회의원의 불체포특권은 '회기 중에만' 누리는 특권이라는 것입니다. 현행범인이 아니라 하더라도, 폐회 중에는 체포 또는 구속 영장을 제시하여 체포 또는 구속할 수 있습니다. 더불어 현행범인임에도 불구하고 국회의원이라는 이유로 불체포특권을 인정하는 것은, 우리나라 헌법 제10조 제1항이 규정하는 '일반적 평등의 원칙'에 명백히 반하는 과도한 특권이 됩니다.

<헌법 제44조>

제1항: 국회의원은 현행범인인 경우를 제외하고는 회기 중 국회의 동의 없이 체포 또는 구금되지 아니한다.

제2항: 국회의원이 회기 전에 체포 또는 구금된 때에는 현행범인이 아닌 한 국회의 요구가 있으면 회기 중 석방된다.

2025. 1. 11

대통령 관저는 치외법권을 누리는 지역이 아닙니다

치외법권治外法權을 누리는 지역 내에서는 그 지역에 대한 영토 주권을 가지고 있는 국가의 권력이 미치지 못합니다. 이 지역에서는 그 지역을 점유하고 있는 국가의 주권이 미칩니다.

역사적으로 볼 때 치외법권은 제국주의 국가가 다른 나라의 영역 중 일정 부분을 조차租借하는 불평등 조약을 맺은 후 누리는 권리 또는 권한이었습니다.

영국 프랑스 독일 등 유럽의 제국주의 국가들이 청靑나라로 들어가 조차지租借地를 확보한 후, 조차지 안으로는 청나라의 주권이 들어오지 못하고, 해당 제국주의 국가들의 주권이 적용되도록 했습니다. 그러한 지역을 가리켜 '치외법권治外法圈'이라고 했고, 그들이 누리는 권리와 권한을 치외법권治外法權'이라고 불렀습니다.

중국에서는 대표적으로 상하이上海, 칭따오靑島 등이 이러한 지역에 해당합니다.

제2차 세계대전이 끝나고 식민지가 해방되기 시작하면서 치외법권의 역사도 점차 막을 내리기 시작했습니다. 치외법권은 주권국가 평등의 원칙에 반하기 때문입니다.

그래도 해결해야 할 국가 간의 문제가 남아 있었습니다. 그것은 자국 내에 주재하는 외교관들에 대한 법적 예우의 문제였습니다. 그것은 자국 내에 거주하는 타국의 외교관들이 저지르는 범죄행위를 주재국의 국가형벌권 관할 하에 둘 것인지 아니면 그 외교관을 파견한 국가의 국가형벌권 관할로 넘길 것인지라는 문제였습니다.

여기에서 생겨난 것이 '외교관 특권'이었습니다. 외교관이 형사 범죄를 저지르는 경우 주재국의 형사법에 따르는 것이 아니라 외교관을 파견한 국가의 형사법에 따르도록 하는 것입니다. 이것은 국가 간의 예양禮讓 차원에서 서로 존중하고 있습니다.

제국주의 시대에 제국주의 국가들이 누렸던 치외법권이 사라지고, 외교관 특권이 들어온 것입니다. 외국에 있는 한국 대사관의 외교관들도 주재 국가에서 이러한 외교관 특권을 누리고 있습니다.

다만, 이 특권은 '형사책임 면제의 특권'이 아니기 때문에, 해당 외교관은 자국의 형사법에 따라서 처벌받게 됩니다.

대통령실이나 대통령 관저!

이 공간에는 어떠한 특권도 적용되지 않습니다. 한 나라의 국가원수가 직무를 수행하거나 거주하는 공간이라는 점에서 법률에 근거를 두고 제한적인 보호를 받는 것에 지나지 않습니다.

내란죄의 피의자인 대통령 윤석열에 대해 법원이 발부한 영장 집행을 방해하는 행위는 법적으로 정당화될 여지가 전혀 없습니다. 대통령 윤석열과 경호처 직원들이 공조수사본부의 체포영장 집행을 방해하는 행위는 대한민국의 주권에서 나오는 국가형벌권의 실행을 방해하는 행위입니다.

사정이 이러함에도 불구하고, 대통령 윤석열과 경호처 직원들은 제국주의 시대의 유물인 치외법권을 주장하고 있는 것이나 마찬가지입니다.

2025. 1. 15

헌법재판소가 피청구인 대통령 윤석열에 대한 파면 결정을 언제쯤 선고할까요?

많은 사람들이 헌법재판소가 대통령 윤석열에 대한 탄핵 심판청구 사건의 결정을 언제쯤 선고할 것인지에 대해 궁금해합니다.

그날은 현재 이 사건을 심리하고 있는 8인의 헌법재판관도 모를 것입니다. 그것이 재판입니다.

미루어 짐작할 수 있는 단초들은 있습니다.

8인의 헌법재판관 중 2인이 올해 4월 18일에 정년퇴직을 하게 됩니다. 그때까지 결론이 나오지 않으면 탄핵 심판 결정은 사실상 물 건너갑니다. 그런 일은 없을 것입니다. 재판관 7인 이상이 심리에 참여하고, 그중 6인 이상이 청구 인용을 해야 하기 때문입니다.

우리는 2017년 대통령 박근혜 탄핵 심판 사건을 되돌아보아야 합니다.

그해 1월 31일에 박한철 헌법재판소장이 정년으로 물러나고, 재판관의 숫자는 9인에서 8인으로 줄어들었습니다. 권한대행으로 들어선 이정미 재판관의 정년은 3월 31일이었습니다. 만약 3월 31일까지 헌법재판소가 결론을 내리지 못했다면, 그 사건은 결론을 보지 못한 채 대통령 박근혜는 다음 해인 2018년 2월 24일 자정에 5년 임기를 마쳤을 것입니다.

왜냐고요?

당시 국정농단의 주역들이 있었습니다. 그중 비중 있는 누군가가 특정 재판관을 콕 집어서 '000 재판관님! 그 자리에 어떻게 들어가셨지요? 그때 나한테 무슨 말씀을 하셨지요? 지금 깔까요?'라고 공개적으로 말하면 상황은 그걸로 끝나는 것이었습니다. 이러한 의문은 '사실'을 말하는 것이 아니라 하나의 '가정假定'입니다.

다행스럽게도 이정미 헌법재판소장 권한대행의 정년을 21일 앞둔 3월 10일에 대통령 박근혜는 탄핵당했습니다.

이런 저간의 사정을 감안하면, 대통령 윤석열에 대한 헌법재판소의 파면 결정 선고는 3월을 넘기지 않을 겁니다.

너무도 고마운 것은 '친절한 석열 씨!'가 자신에 대한 탄핵 심판을 매우 쉽게 만들어 놓았다는 것입니다. 결정적인 것은 대통령의 비상계엄 선포가 헌법의 틀을 벗어나지 못하도록 만들어 놓은 국회의 계엄해제 요구권을 무력화시키려 했다는 것입니다.

대통령 박근혜 탄핵 심판 사건과 비교할 때 대통령 윤석열 탄핵 심판 사건이 훨씬 더 간명합니다. 이걸 감안하면 대통령 윤석열에 대한 헌법재판소의 파면 결정은 2월 말까지 내려질 수도 있습니다.

이번 기회에 국민들이 헌법재판소의 존재 가치를 충분히 이해해야 한다는 것을 고려한다면, 3월 초에 결정이 내려질 수도 있습니다.

결론적으로 대통령 윤석열의 파면 시기는 '2말3초'입니다.

2025. 1. 16

넘어서면 안 되는 선

대한민국헌법은 전문前文과 본문本文 130개 조문, 그리고 부칙附則 6개 조문으로 구성되어 있습니다.

대통령, 국회, 법원은 3부를 구성하고 '권력분립의 원칙Priciple of Separation of Powers; Prinzip der Gewaltenteilung'에 따라서 서로 견제와 균형을 합니다. 헌법재판소도 엄연한 헌법기관입니다. 그렇다면 4권분립의 원칙을 취하고 있는 걸까요? 그렇지는 않습니다. 헌법재판소도 일반법원과 마찬가지로 '재판기관'입니다. 일반법원과 다른 것은, 헌법재판소는 헌법 제111조 제1항이 규정하는 헌법재판만을 한다는 것입니다. 일반법원도 부분적으로는 헌법재판을 합니다. 헌법 제107조 제2항은 "명령·규칙 또는 처분이 헌법이나 법률에 위반되는 여부가 재판의 전제가 된 경우에는 대법원은 이를 최종적으로 심사할 권한을 가진다."라고 규정하고 있습니다. '법률'에 대한 위헌 여부의 판단권은 헌법재판소의 전속적 권한입니다.

국회는 '전체로서의 국회'가 헌법기관이면서 동시에 국회의원 한 명 한 명이 헌법기관입니다. 헌법재판소도 '전체로서의 헌법재판소'가 헌법기관이면서 동시에 각각의 헌법재판관이 헌법기관입니다. 일반법원도 마찬가지입니다. '전체로서의 법원'이 헌법기관이면서 동시에 개개의 법관이 헌법기관입니다.

우리나라 헌법에 "독립"이라는 용어가 나오는 것은 딱 한 군데입니다. 헌법 제103조입니다. 이렇게 규정되어 있습니다. "법관은 헌법과 법률에 의하여 그 양심에 따라 독립하여 심판한다."라는 것입니다.

법관의 독립에는 신분상의 독립과 재판상의 독립이 있는데, 헌법 제103조가 말하는 독립은 재판상의 독립입니다. 재판상의 독립을 '물적 독립物的獨立' 또는 심판審判의 독립이라고 말하기도 합니다.

법관의 심판의 독립이란 법관이 그 본질적 직무인 재판을 할 때 어느 누구의 지시나 명령에도 따르지 않는 것을 말합니다. 검찰권에는 '검사동일체의 원칙'이 있지만, 재판권에는 '법관 동일체의 원칙'이라는 것이 없습니다. 만약 법원조직법에 그런 규정을 둔다면 그건 '문언상 당연 무효Void on Its Face'가 됩니다.

물론 재판의 현실에서 법관의 재판의 독립이 침해 또는 위협을 당하는 사례들이 있습니다. 이승만 정권, 박정희 정권, 전두환 정권 때는 그런 사례들이 매우 많았습니다. 그 시절에는 법관의 집무실에 기관원이 들락거리는 사례도 적지 않았습니다.

법관의 심판의 독립은 법원 내부에서 침해당하기도 했습니다. 법원장이나 간부급 법관이 사건을 재판하고 있는 법관의 판단에 개입하는 것입니다.

저 자신 그러한 사례를 발견하고 글을 써서 격렬하게 비판한 경우도 있습니다. 법원장이 '야간 집회·시위'와 관련하여 '집회 및 시위에 관한 법률'

위반 사건을 재판하고 있는 다수의 법관들에게 전자우편을 통해 신속한 재판을 하도록 압박한 사건이었습니다.

우리나라의 민주주의가 부침浮沈을 거듭하면서 법관의 심판의 독립은 이제 상당한 수준으로 자리 잡았습니다.

어느 법관이 저에게 이런 말을 한 적이 있습니다. "우리 판사들은 옆방의 다른 판사가 다루고 있는 사건이 어떻게 진행되는지 물어보지도 않습니다. 그걸 서로 지켜 줍니다."라는 것이었습니다. 굳이 저에게 그 말을 한 취지는, 법관의 심판의 독립이 그 정도로 궤도에 진입해 있다는 것을 말하고자 하는 것이었습니다. 법원의 재판을 받고 있던 어느 기관장이 어느 날 저에게 "법원에 누구 있나 알아보려고 해도 전혀 안 되네."라고 말하길래 "그건 위험해. 절대로 그런 건 하지 마. 판사들도 다른 판사의 사건에 대해서는 서로 말하지 않거든."이라고 설명해 줬습니다.

내란죄 피의자로 수사기관에 체포되어 수사를 받는 대통령 윤석열 구속영장 청구에 대한 법원의 심사가 어제 다섯 시간 가까이 진행되었고, 오늘 새벽 2시 50분 무렵에 영장이 발부됐습니다.

문제는 그다음입니다. 구속영장 발부에 불만을 품은 사람들이 서울서부지방법원 경내로 들어가 건물 유리창 등 기물을 파손하는 행위를 했습니다. 그중 40여 명이 현행범으로 체포된 것으로 알려져 있습니다.

형사피의자로 입건되어 수사기관으로 들어가 수사를 받아본 사람들은 알 것입니다. 수사를 시작하는 시각은 정해져 있지만, 끝나는 시각은 정해져 있지 않습니다. 하루에 끝날지 며칠 걸릴지 그것도 알 수 없습니다. 변호인을 선임하는 것은 좋은데, 변호인이 형사피의자 옆에 앉아 말을 거들어 줄 수도 없습니다. 수사관이나 검사가 질문할 때 긴장한 나머지 알고 있던 것조차 떠오르지 않기도 합니다. 수사 개시와 함께 형사피의자가 근무하고 있는 직장의 장長에게는 '수사 개시 통지서'가 날아갑니다. 조사 시간 내내 혹시 영장을 청구하지는 않을지 전전긍긍합니다.

이번 사건의 경우처럼 일단 형사피의자로 입건된 이상 '혐의없음' 처분을 받기는 매우 어렵습니다. 더구나 구속영장을 발부한 법원의 경내로 진입해서 폭력을 행사하는 행위는 국가의 헌법 질서를 유린하는 행위로서 그 죄질도 매우 나쁩니다. 정치인 중에 '별것 아니니까 걱정하지 않아도 된다.'는 말을 할 수 있습니다. 무책임한 말입니다. 그런 걸 가리켜 '아무말 대잔치'라고 합니다.

민주주의 국가, 법치주의 국가에서는 국민이 자신의 의사를 표현하는 방법도 헌법의 테두리 내에 있어야 합니다.

'저항권Widerstandsrecht; Right of Resistance'이라는 말도 나오는데, 저항권 이론은 이 경우에 쓰는 이론이 아닙니다. 저항권은 헌법 질서를 수호하기 위해 행사하는 권리입니다.

안타까운 것은 내란죄 형사피의자 윤석열을 지지하고 응원하며 지켜 주겠다는 사람들이 하는 일은 대체로 그를 계속 수렁 속으로 밀어 넣고 있다는 것입니다. 그들은 '넘어서면 안 되는 선'을 넘어섰습니다. 그 선線은 '헌법 질서의 선'입니다.

2025. 1. 19

Pacta Sunt Servanda

나는 날마다 헌법을 만난다

초판1쇄 발행 2025년 2월 25일

지은이   김승환
펴낸이   이지순

편집   성윤석   **디자인** 디자인무영
제작   뜻있는도서출판
         경남 창원시 성산구 반송동 149 205호
         전화 055-282-1457
         팩스 055-283-1457
         이메일 ez9305@hanmail.net

펴낸곳   뜻있는도서출판

ISBN   979-11-989617-3-0   03360